Eine Bildreise

Allgäu

Fotografiert von Andreas Riedmiller
Mit einem Text von Gerd Pfitzenmaier
Ellert & Richter Verlag

Autoren/Literatur/Impressum/Bildnachweis

Der Fotograf:
Andreas Riedmiller, geboren 1952 im Allgäu, lebt und arbeitet dort als freiberuflicher Bildjournalist und Fotograf. Er befaßt sich vorzugsweise mit Themen aus dem Spannungsfeld zwischen Mensch und Natur. Seine Arbeiten erscheinen in namhaften Magazinen, u. a. „natur", „Merian" und „stern". Im Ellert & Richter Verlag sind der Kalender „Bäume – Sinnbilder des Lebens" sowie die Bücher „München – Eine Bildreise" und „Zwischen Himmel und Erde – Nonnen im Bergkloster" erschienen.

Der Autor:
Gerd Pfitzenmaier, geboren 1958 in Stuttgart, ist Redakteur der Zeitschrift „natur" und lebt in Olching bei München. Gemeinsam mit Andreas Riedmiller veröffentlichte er zahlreiche Reportagen zum Thema Mensch und Natur. Er ist Autor von Umwelt-Büchern. Im Ellert & Richter Verlag ist der Band „Zwischen Himmel und Erde – Nonnen im Bergkloster" erschienen.

Titelabbildung:
Schloß Neuschwanstein

Literatur:
Adler, Katharina: Lebenslandschaft. Mitteilungen aus dem Allgäu. Bühl-Moos: Elster Verlag, 1985.
Allgäuer Zeitungsverlag (Hrsg): Allgäuer Heimatkalender. Mehrere Jahrgänge.
Allgäuer Zeitungsverlag (Hrsg): Dokumentation Allgäu 2000. Eine Region stellt die Weichen für die Zukunft. Kempten, 1991.
Ärztliche Gesellschaft für Physiotherapie (Hrsg): Die moderne Kneippkur. Bad Wörishofen: Holzmann-Druck, o. J.
Bechteler, Robert/Rohde, Jürgen E.: Goldenes Allgäu. München: Bruckmann Verlag, 1982.
Die Allgäuer Alpen mit Kleinwalsertal. Berge, Heft 14. Wabern-Bern: Büchler Verlag, 1985.
Desing, Julius: König Ludwig II. Sein Leben – Sein Ende. Lechbruck: Kienberger Verlag, 1976.
Dewiel, Lydia L.: Städte, Klöster und Wallfahrtskirchen zwischen Bodensee und Lech. Köln: Dumont, 1988 (3. Aufl.).
Dieter Bergemann (Hrsg): 100 Jahre Urlaub in Bayern. In: Charivari. Die Zeitschrift für Kunst, Kultur und Leben in Bayern. Heft 5/1990.
Gabler, Rupert (Hrsg): Vor den Bergen: Ostallgäu. Zeit für eine besondere Landschaft. Kissing: WEKA-Verlag, 1991.
HB-Bildatlas: Allgäu, Hamburg: HB-Verlag, 1990 (7. Aufl.) und 1991 (Neuaufl.).
HB-Kunstführer: Allgäu. Hamburg: HB-Verlag, 1989.
Heigl, Peter: Ludwig und wir. Vortragsmanuskript. o. J.
Interessengem. zur Erhaltung des Allgäus (Hrsg): Schwarzbuch Allgäu. Eigenverlag, o. J.
Kerler, Christine und Richard: Bayerischer Kuriositätenführer. Königstein: Athenäum Verlag, 1983.
Merian: Allgäu. Heft 5/1983.
Pfitzenmaier, Gerd: Berge, Bauern, Biotope. In: natur 9/1989. München: Ringier-Verlag.
Rathke, Kurt: Die Schroth-Kur. Weiler i. Allg.: Bäderverlag, o. J.
Schmid, Gregor M./Pielmeier, Manfred: Allgäu – sehen & erleben. München: Süddeutscher Verlag,
1989. Schmid, Peter/Köpf, Gerhard u. a.: Allgäu. München: C. J. Bucher Verlag, 1990.
Spöttl, Manfred: Eine alte Kulturlandschaft ist bedroht. Unv. Manuskript, 1989.
Spöttl, Manfred: Tatort Alpen. Karl Partsch – Der sanfte Rebell. Göttingen: Echo-Verlag, 1988.
Unterstöger, Hermann/Munzig, Horst: Die Arche Noah steht im Allgäu. In: Geo-Spezial Bayern. Hamburg: Gruner & Jahr, 1990.
Zettler, Ernst/Groth, Heinz: Allgäuer Alpen. Ein Führer für Täler, Hütten und Berge. München: Bergverlag R. Rother, 1979.

Impressum:
Die Deutsche Bibliothek – CIP-Einheitsaufnahme

Allgäu / fotogr. von Andreas Riedmiller. Mit einem Text von Gerd Pfitzenmaier. – Hamburg: Ellert & Richter, 1992
(Eine Bildreise)
ISBN 3-89234-296-2
NE: Riedmiller, Andreas; Pfitzenmaier, Gerd

Text und Bildlegenden: Gerd Pfitzenmaier, Olching
Farbfotos: Andreas Riedmiller, Oberzollhaus/Allgäu
S/W-Fotos:
Foto Bulmer, Wangen 79
Fotohaus Heimhuber, Sonthofen-Oberstdorf 8/9, 29, 36, 58, 59, 71
Kurdirektion Bad Wörishofen/Foto Grebmer, Bad Wörishofen 42
Privatarchiv des Autors 56
Süddeutscher Verlag Bilderdienst, München 6/7, 7, 21, 86
Tourismusverband Allgäu/Bayerisch-Schwaben e. V., Augsburg 43, 57

Gestaltung: Hartmut Brückner, Bremen
Bildredaktion: Iris Broderius, Hamburg
Lektorat: Brigitte Beier, Hamburg
Lithographie: Litho Service Bremen, Bremen
Satz: O & S Satzteam, Hildesheim
Karte: ComputerKartografie Huber, München
Druck: Ara-Druck GmbH, Stuttgart
Bindearbeiten: Großbuchbinderei Hollmann, Darmstadt

Inhalt

Allgäuer Geschichte: Puzzle der Provinzfürsten

Mit dem bloßen Aufzählen ist es kaum getan: Die Geschichte des Allgäus zu notieren erfordert mehr als eine Aneinanderreihung historisch prägnanter Daten, Namen und Ereignisse. In diesem Landstrich haben sich noch bis ins 18. Jahrhundert hinein 165 verschiedene Grund- und Landesherren die politische Macht manchmal mehr schlecht als recht untereinander aufgeteilt. Entsprechend buntgescheckt muß zwangsläufig auch die Landkarte sein, auf der die jeweils aktuellen regionalen Themen im geschichtlichen Gesamtkontext erscheinen.

In Kempten, um ein Beispiel anzuführen, sollen die Bürger der beiden katholischen und evangelischen Teilgemeinden noch anno 1848 ernsthaft daran gedacht haben, nach Konfessionen getrennte Bahnhöfe zu bauen. So verschieden waren – auf engstem Raum – die Denkweisen der Menschen im Allgäu.

Und doch: Bei allen Partikularinteressen gibt es etwas, was die Historie des Landstrichs vor den Bergen über die Jahrtausende hinweg wie ein roter Faden durchzieht. Wer ihn ergreift, den leitet dieser Wegweiser zielsicher durch das Labyrinth zu jenen Daten, die prägend waren – und es noch sind. Und so wird aus dem Puzzle ein zwar buntes, aber doch gerahmtes Mosaik.

Die ersten Allgäuer kamen aus dem Osten. Die Illyrer zählen zu den frühesten uns bekannten Siedlern am Nordrand der Alpen. Um 1200 v. Chr. zogen sie aus dem Gebiet des heutigen Ungarn in die Täler und auf die Hügel des Allgäus.

700 Jahre später mischten sich keltische Zuwanderer aus dem Westen unter die Jäger und Sammlergruppen. So lebten die Menschen hier also von Anfang an in einem Schmelztiegel, verschiedenste Einflüsse verbanden sich miteinander.

Die wohl älteste Stadt Deutschlands: Kempten. Um 1900 war das heutige Zentrum des Oberallgäus noch ein verträumtes Städtchen.

Arguably the oldest town in Germany, Kempten, now the centre of the Allgäu, was still a sleepy small town in 1900.

Das Ergebnis dieses ersten Aufeinandertreffens liegt weitgehend im Dunkeln. Im Allgäu gibt es kaum bedeutende Funde aus der Altsteinzeit. Siedlungsspuren sind nur vom Forggensee und aus dem Illertal bekannt. Die ersten Zeugnisse früher Kultur erzählen dabei bereits von seßhaften Allgäuern: Bei Agathazell wurden die Reste eines Knüppeldamms, also eines Weges aus Rundhölzern, freigelegt, am Nebelhorn bei Oberstdorf gar fand man eine bronzene Kuhglocke. Ein eindeutiges Zeichen dafür, daß die bäuerliche Wirtschaftsform der Alpbeweidung hier uralte Wurzeln hat.

Die Estionen (Kelten), von denen diese Zeugnisse berichten, waren es dann auch, die die vermutlich älteste Stadt Deutschlands am Steilufer der Iller gegründet haben: Cambodunum, das heutige Kempten, fand der griechische Geograph Strabo jedenfalls schon um 20 v. Chr. vor, als er mit den Legionären der Römer über die Berge kam. Die Mauern, die Thermen, die Tempel und Wohnungen dieser Stadt sind seit 1885

freigelegt worden. Heute sind die geschichtsträchtigen Reste versunkener Kultur im Kemptener „Archäologischen Park Cambodunum“ zu besichtigen.

Kaiser Augustus' Stiefsöhne höchstpersönlich, die Feldherren Drusus und Tiberius, befehligten die Eroberer, die den Kelten dieses Land streitig machten. Leichtes Spiel hatten sie mit den Verteidigern, die sich auf den strategisch günstigen Hügeln wie dem Auerberg verschanzt hielten, keinesfalls. Sogar zur Seeschlacht auf dem Bodensee traten die römischen und keltischen Heere gegeneinander an.

Gut zweieinhalb Jahrhunderte währte danach die Römerzeit im Allgäu, eine Periode nicht nur des Aufbaus von Verwaltung, Stützpunkten und Städten, sondern vor allem des Baus jener wichtigen Handelsstraßen, die für die Region noch lange Jahrhunderte ein wirtschaftlicher Segen sein sollten: Die Römer pflasterten und sicherten die Fernverbindungen. Die Via Decia verband das Allgäu mit Bregenz und dem Bodensee, die Via Augusta knüpfte die Verbindung über den Fernpaß nach Augsburg und an die Donau.

Auf diesen Wegen zogen später die Salzhändler. Über diese Routen exportierten im Mittelalter die Leineweber ihre Tuche und die Pferdebauern ihre Rösser. Auf diesen Straßen wanderten die verarmten Bauernbuben hinaus, weil sie lieber in der Fremde hart arbeiten wollten, als zu Hause zu verhungern. Und so gelangten zum Beispiel die ersten Käse-Hersteller aus der Schweiz und Holland ins Allgäu, brachten ihr Handwerk und damit die Grundlage der Molkereiwirtschaft ins Land. Diese Handelsstraßen waren bis in die jüngste Vergangenheit hinein Nervenstränge des Wirtschaftslebens dieser Region.

Zurück zur Römerzeit: Um 260 n. Chr. brachen von Norden her die Alemannen in die prosperierende Idylle ein, und sie gelten, zumindest was die Sprache betrifft, bis heute als Urväter des Menschenschlags zwischen Lech und Bodensee. Ihr schwäbisches Idiom dient den Allgäuern zur eigenen Abgrenzung innerhalb der politischen Grenzen des bayerischen Freistaats.

Bis ins 5. Jahrhundert konnten sich noch einige Römer in der Gegend halten. Gleichzeitig mit deren endgültigem Verschwinden erwuchs den Alemannen in den Franken jedoch ein neuer, übermächtiger Gegner. Im Jahr 536 unterwarfen die Franken die alemannischen Krieger. Deren Fürsten mußten sich nun gut 400 Jahre lang dieser Vorherrschaft im Allgäu beugen.

In diese Zeit fallen erneut historisch bedeutsame Entwicklungen, die ihre Schatten bis in die Gegenwart werfen: Um die Macht der alemannischen Fürsten in Zaum zu halten, verordneten die fränkischen Karolinger dem Allgäu eine neue politische Grundstruktur. Sie teilten das Land in Grafschaften auf. Aufgabe der Grafen war es, ihre Fürsten „vor Ort“ zu vertreten. Damit waren die Voraussetzungen gegeben für jene buntgefleckte Landkarte, die bis fast in die Gegenwart das Bild des Allgäus bestimmte.

Zugleich mit der Eingliederung der alemannischen Grafschaften ins fränkische Reich kamen über den Bodensee die ersten Wanderprediger aus dem Kloster St. Gallen ins Allgäu. Um 720 tauchte der Mönch Magnus, wenig später Theodorus auf. Die beiden gründeten im Gebiet des Allgäus zahlreiche Außenstellen ihres Mutterklosters. Mönchszellen entstanden in Kempten und in Füssen. 764 wurde der Grundstein des Klosters Ottobeuren gelegt.

Konradin (r.) und Friedrich v. Baden auf der Jagd. 1268 zog der Staufer von Hohenschwangau aus nach Neapel – und wurde dort von Karl von Anjou enthauptet.

Konradin, right, and Frederick of Baden out hunting. In 1268 the Staufen ruler left Hohenschwangau for Naples where Charles of Anjou had him beheaded.

Der Mönch Magnus wurde, heiliggesprochen, als St. Mang zum Schutzpatron des Allgäus. In der Krypta von St. Mang in Füssen erinnern die Reste eines Freskos aus dem 10. Jahrhundert an den „Apostel des Allgäus".

Erst im 9. Jahrhundert tauchte dann der Name des Allgäus zum erstenmal schriftlich auf: In einer Urkunde des Jahres 817 ist das „Albegowe" erwähnt. Bezeichnet wird damit ein Landstrich in der Region zwischen Sonthofen, Fischen und Oberstdorf, ein paar Dörfer nur. Bis weit ins Mittelalter benennt dann der Begriff „Allgäu" („Albgau") ein viel enger umgrenztes Gebiet als heute.

Der Zerfall des fränkischen Reiches stärkte erneut die alemannischen Fürsten. Im Abwehrkampf gegen die Hunnen waren wieder größere, machtvollere politische Einheiten wichtig. Es bildeten sich die Stammesherzogtümer, darunter auch das der Bayern und der Schwaben. Mit vereinten Kräften konnten dann die Hunnen im Jahr 955 in der Schlacht auf dem Lechfeld vom Heer des deutschen Königs Otto I. geschlagen werden.

Als die Staufer 1138 zum Kaisergeschlecht aufstiegen, rückte das Allgäu als Heimatland dieser schwäbischen Herzöge in den Mittelpunkt. Bis in die Mitte des 13. Jahrhunderts konnten unter ihrer Ägide die Städte Isny, Wangen, Kempten, Leutkirch, Memmingen und Kaufbeuren die Reichsfreiheit erlangen.

Parallel zur Stärkung der Herzöge nahm im Allgäu der Einfluß der Klöster und der Kirchenfürsten erheblich zu.

1268 endete die Stauferherrschaft mit der Hinrichtung Konradins durch Karl I. von Anjou, den König von Neapel-Sizilien. Der letzte Staufer war übrigens vom Schloß Hohenschwangau im Allgäu aus zu seiner tödlich endenden Reise nach Neapel aufgebrochen.

Das gerade geeinte Allgäu zerfiel erneut in kleine und kleinste Herrschaften. Adel, Bischöfe, Klöster und Städte teilten sich die Macht. 16 Reichsstädte schlossen sich 1488 zum Schwäbischen Bund zusammen, um den auf ihren Reichtum neidischen Fürsten und Bischöfen besser Paroli bieten zu können.

Sonderrechte waren im Allgäu ohnehin keine Ausnahme. Im 13. Jahrhundert begannen die Augsburger Bischöfe das Pfrontener Tal zu kolonisieren, und 1459 gewährten sie den Bauern in 13 Gemeinden, den „Freien Gotteshausleuten", in einer Urkunde das „Pfrontener Göttliche Recht", das weit über die üblichen Freiheiten der Bauern hinausging und den Landesherren dafür die absolute Loyalität der Bauern sicherte. Das sollte sich später als nützlich erweisen: Als überall die Bauern rebellierten, waren die Pfrontener kaum bereit, ihrem Bischof die Stirn zu bieten. Ähnlich verhielt es sich mit den „Freien von der Leutkircher Heide": Seit dem 14. Jahrhundert konnten sie auf ihr Sonderrecht, das die Freiheit von Leibeigenschaft, Grundherrschaft oder eigenes Gericht garantierte, pochen. Und noch eine Besonderheit: Ende des 13. Jahrhunderts kamen verarmte Siedler aus dem Schweizer Kanton Wallis in das 1200 Meter hoch gelegene Tal südlich von Oberstdorf, das heute ihren Namen trägt – Kleines Walsertal –, und auch den hochgebirgserfahrenen Bauern wurde die Ansiedlung in dieser unwirtlichen Gegend schmackhaft gemacht, indem sie mit dem „Walserrecht" und der „Walserfreiheit" eine Sonderstellung erhielten.

Im Gegensatz dazu entwickelten die Allgäuer Städte, obwohl betucht und mit Reichsfreiheit gesegnet, kein eigenes Stadtrecht. Sie übernahmen die Rechtsnormen aus Ulm oder Überlingen. Das mag an der Wirtschaftsstruktur des Allgäus gelegen haben: Die Region war geprägt von der Landwirtschaft, der Handel mit Flachs und Leinwand füllte die Kassen. Das in den Städten beheimatete Gewerbe dagegen spielte eher eine untergeordnete Rolle.

In diese Zeit fiel auch die landschaftliche Umgestaltung des Allgäus. Die großen Rodungen veränderten bis ins 16. Jahrhundert hinein das Gesicht des Gebiets, hellten es auf, indem der Wald aus den Tälern zurückgedrängt und die freien Flächen in Weiden und Felder umgewandelt wurden.
Auch dies war, noch einmal, ein historisches Werk, das nachwirkt: Denn die landschaftliche Schönheit des Allgäus,

Der Widderstein überragt Hirschegg im Kleinwalsertal. Im 13. Jahrhundert lockten Sonderrechte die Bauern in das Hochtal. Heute ist es eine österreichische Enklave.

The Widderstein overlooks Hirschegg in the Kleinwalsertal. In the 13th century special rights attracted farmers to the upland valley, now an Austrian enclave.

das Wechselspiel der Grüntöne in den Wäldern und auf den Weiden, verquickt mit dem Bunt der Wiesen, ist das Ergebnis dieser Jahrhunderte währenden bäuerlichen Nutzung der Flächen. Somit legten die Bauern schon damals, im 16. Jahrhundert, den Grundstein für den Tourismus, der dem Allgäu heute Wohlstand beschert. Wenn die Bauern heute nicht soweit unterstützt werden, daß sie ihre Weiden weiter beackern können, werden immer mehr Flächen brachfallen, und der Wald wird sich das Allgäu wieder zurückerobern – mit allen ökologischen und vielleicht auch wirtschaftlichen Folgen.
Damals war es der Bauernkrieg, der diese Zeit des Wohlstands mit einem kurzen, dafür um so heftigeren Aufbrausen unterbrach. Er einte die von Sonderrechten und wirtschaftlichen Erfolgen Ausgeschlossenen. Über 30 000 Bauern weigerten sich, der Kirche den Zehnten zu zahlen.
Der Versuch, sich in Memmingen unter dem Einfluß des Züricher Reformators Ulrich Zwingli auf einen Kompromiß zu einigen, scheiterte. Die „Zwölf Artikel“ von Memmingen, in denen die schwäbischen Bauern politische und religiöse Forderungen miteinander verbanden, konnten keinen Frieden stiften.
Von Januar bis Juli 1525 riefen die Bauernhaufen aus Kempten und Grünenbach, aus Oberstdorf und Seeg, aus Wertach, Sonthofen und Lindenberg, aus Wurzach und Leutkirch zum Widerstand. 4000 von ihnen standen in der Schlacht bei Wurzach dem „Bauernjörg“, Georg Truchseß von Waldburg, gegenüber. Und sie verließ ihr Mut, als der Feldhauptmann im Dienste der süddeutschen Städte und Fürsten die mit Sensen Bewaffneten mit dem Feuer aus 18 Geschützen empfing.
Schlimmer wütete gut 100 Jahre danach nur noch der Dreißigjährige Krieg. Wen die Landsknechte, die in Wellen nacheinander über den Landstrich herfielen, verschonten, den bedrohte die Pest. Allein in Kempten dezimierten Krieg und Krankheit die 6000 Einwohner, die dort 1618 gelebt hatten, auf nurmehr 900 im Friedensjahr 1648.
Die Überlebenden erholten sich erstaunlich rasch von diesen Schrecken. Zahlreiche Zuwanderer aus Bayern, Vorarlberg, Tirol und der Schweiz halfen, das Land wieder neu zu bestellen. Bald konnten die Allgäuer schon wieder daran denken, ihr Geld in schönen Häusern, prachtvollen Kirchen, Bildern, Schnitzwerk und Kunstschätzen anzulegen. Schon 1652 begannen die Kemptener mit dem Bau der St.-Lorenz-Kirche, dem ersten Gebäude der „Vorarlberger Schule“.
In der Barockzeit stand das Kunstschaffen im Allgäu insgesamt in großer Blüte. Das Kloster Ottobeuren (18. Jahrhundert) legt davon ein beredtes Zeugnis ab, und die zahlreichen Wallfahrtskirchen, die damals entstanden, etwa Maria Steinbach bei Memmingen oder Maria Trost bei Nesselwang, sowie die Umbauten der romanischen oder gotischen Kirchen, z. B. die Fischerkanzel in Irsee, brauchen den Vergleich mit den oberbayerischen Schöpfungen sakraler Kunst aus dieser Zeit nicht zu scheuen.
Um so verheerender traf das Allgäu 1803 die Säkularisation. Aus Klöstern wurden Kerker und aus Kirchen Kuhställe. Blinder Haß zerstörte die gerade erst neu erworbenen Schätze.
Die letzte sich bis heute auswirkende historische Tat im Allgäu ordnete Anfang des 19. Jahrhunderts Napoleon an. 1796 waren die Franzosen in Kempten und Memmingen eingezogen. In den Jahren darauf wurden die politischen Karten im Allgäu noch einmal völlig neu gemischt. Die fränkischen und die östlichen schwäbischen Reichskreise wurden in der Pariser Mediationsakte (1802) und im Reichsdeputationshauptschluß (1803) dem bayerischen Kurfürsten zuerkannt.
Dann begann bereits die moderne Epoche für das Allgäu: Seit etwa 1830 gibt es in diesem Landstrich so etwas wie Tourismus. Gefördert wurde er ganz sicher durch den Bau der königlichen Märchenschlösser in der zweiten Hälfte des vergangenen Jahrhunderts. 1837 erschien bereits der erste gedruckte Reiseführer des Ostallgäus, und noch im Todesjahr des Märchenkönigs Ludwig II., 1886, pilgerten 18 000 Schaulustige auf den Felsen über der Pöllatschlucht.
Auf den Flachsanbau und den Tuchhandel waren Milchwirtschaft und Käseproduktion gefolgt; jetzt begannen die Allgäuer, sich eine neue Wirtschaftsquelle zu erschließen: den Fremdenverkehr.

In schöner Landschaft gelegen: Die St.-Anna-Kapelle von Kirchtal steht auf den Weiden in der Nähe des Allgäu-Ortes Seeg. Sie wird, wie zahlreiche andere kleine Gotteshäuser in der Gegend, regelmäßig von Menschen aus dem Allgäu zu Bittgängen besucht.

A beautiful view: St Anne's Chapel in Kirchtal, in green and pleasant pasture near Seeg in the Allgäu. Like many other small churches in the area it is regularly visited by local people when processions are held.

Die Weiden fett, die Wälder grün: So präsentiert sich die Voralpenlandschaft auf den Wellen des Ostallgäus. Erst am Horizont steilen die Kalkfelsen des Hauptkamms auf. Säuling, Tegelberg und Geiselstein beherrschen das Panorama.

Lush meadows and green woodland are the keynotes of the Alpine foothills in the eastern Allgäu. The limestone rockfaces of the main ridge only appear on the horizon, from which the Säuling, Tegelberg and Geiselstein have a commanding view of the countryside.

Die 764 gegründete Benediktiner-Abtei in Ottobeuren wurde im 18. Jahrhundert zur größten süddeutschen Klosteranlage ausgebaut. Prunkstück des Ensembles ist die Basilika, errichtet1737–1766, die als eine der prachtvollsten Barock-Kirchen in Deutschland gilt und im Volksmund den Namen „schwäbischer Escorial" trägt.

Ottobeuren's Benedictine abbey, founded in 764, was enlarged in the 18th century to make it the largest monastery in southern Germany. The showpiece of the buildings, the Basilica, built between 1737 and 1766 and rated one of the most magnificent Baroque churches in Germany, is popularly known as the Swabian Escorial.

Einer der auffallendsten und bekanntesten Berge der Allgäuer Alpen ist der Hochvogel (2594 m). Auf einem zum Teil gesicherten Steig ist sein Gipfel vom Prinz-Luitpold-Haus in etwa drei Stunden zu besteigen. Wegen des brüchigen Hauptdolomit-Gesteins ist der Hochvogel bei Kletterern nicht sehr beliebt. Skibergsteiger aber haben in ihm ein prächtiges Ziel.

The Hochvogel, 2,594 metres (9,692ft), is one of the most striking and bestknown mountains in the Allgäu Alps. The ascent can be made from the Prinz-Luitpold-Haus along what, for part of the way, is a secure and clearly marked track in about three hours. Mountaineers aren't keen on the Hochvogel because its main rock formation, dolomite, is brittle. But it is a very popular with skiers.

Seen, Wiesen und Moore: Zwischen Pfronten und Weißensee liegt das Ostallgäu vor dem Auge des Betrachters wie eine Landschaft aus dem Bilderbuch. Breitenberg und Aggenstein ist ein sanftes Hügelland vorgelagert, das von den Gletschern der Eiszeiten geformt wurde.

Lakes, meadows and moorland: between Pfronten and Weissensee the eastern Allgäu lies before the eye of the beholder like a landscape in a picture-book. Breitenberg and Aggenstein have a glacis of gentle foothills shaped by Ice Age glaciers.

Mein Allgäu oder: Wo ein Fremder sich zu Hause fühlt

Alles fängt damit an, daß wir Abschied nehmen mußten. Emma, die Sennerin, teilte es uns in einem Brief mit: Sie sei die schwere Arbeit, die nicht mehr lohne, leid, sie wolle sich auf der Seelenalpe nicht länger abrackern und gehe im nächsten Sommer deshalb woanders in Stellung. Wir gaben uns Mühe, das zu verstehen. Obwohl es uns den Weg zurück in ein Urlaubsparadies versperrte.

Ihr Brief muß gegen Weihnachten eingetroffen sein, denn die Eltern begannen aufgeregt ein neues Quartier für den kommenden Sommer zu suchen. Bei mir, so stelle ich mir's heute vor, hat der Brief wohl eher Ordnung in meine Kinderträume gebracht: In den Monaten zwischen den großen Ferien konnte ich zwischen den erlebten Abenteuern im vergangenen und den erhofften im folgenden Urlaub nie eine Rangfolge festlegen. Der Brief entschied: Einen Sommer auf der Seelenalpe würde es nie wieder geben. Mir blieb nur, was ich in jenen zwei Wochen gesammelt hatte – meine Bilder.

Eine Zeitlang habe ich daran gedacht, noch einmal hinaufzusteigen, nach über 25 Jahren. Auch in Vaters Fotosammlung wollte ich kramen. Aber vermutlich hätten die alten Dias mich jetzt enttäuscht, da ich sie nicht länger als ein Samstagabend-Familien-Spektakel betrachten, sondern versuchen wollte, in ihnen etwas längst Vergangenes wiederzufinden.

Denn die Bilder in meinem Kopf sind mehr als bloße Abbildungen. In ihnen habe ich Stimmen und Gerüche, Bewegungen, Licht und Schatten, Farben, Gesichter und Namen gesammelt. Nicht nur eingefangen und aufbewahrt, vielmehr komprimiert. In all den Jahren, in denen ich sie in mir herumtrage, habe ich sie mir immer wieder ins Gedächtnis gerufen und sie gelegentlich „überarbeitet", indem ich neue Motive entdeckte oder das übertünchte, was mir in der erneuten Rückschau überzeichnet schien.

Mag sein, daß meine Bilder in vielen Details die Wirklichkeit, wie sie mir ein erneuter Spaziergang von Steibis hinauf auf die Weiden unter dem Seelenkopf zeigen würde, nicht widerspiegeln. Das ist nicht wichtig. Sie sind jedenfalls schärfer und farbenfroher geblieben als die Dias in Vaters Sammlung. Und je stärker die Dias als Dokumente des wirklich Geschehenen verblassen, desto wertvoller werden mir meine Erinnerungen.

Urlaubsbilder: Emmas Hütte, in der eine Tür aus der Küche in den Stall führte; der Ziegenbock Peter, der, weil er so fürchterlich stank, an einen Pflock gebunden wurde, damit er nicht zu nahe kam; der Bach, den uns der Vater mit einem Baumstamm aufstaute und den wir Kinder gegen die Kühe verteidigten, die diese Badewanne ebenfalls liebten; der Jäger, der am Abend stets vorbeikam, um von der Hütte aus die Gemsen zu zählen, in Wahrheit aber, weil Emma immer ein Bier für ihn hatte; die Erwachsenen beim Versuch, Holzbrünnlein zu schnitzen; Emma mit dem Butterfaß; alle zusammen auf Wanderung, vorneweg Vaters Freund, der jeden Gipfel beim Namen zu nennen wußte; Emmas Hund, der so gerne aus Mutters Keksdose naschte; und die Kühe und Ziegen und Hühner, die einfach dazugehörten.

Vielleicht sind diese Bilder noch immer so deutlich, weil es damals, 1965, unser erster Familienurlaub war. Vermutlich auch deshalb, weil das Erlebnis so anders war als das, was ich von Freunden, die im Urlaub in Pensionen wohnten, gehört hatte. Lange waren diese Bilder vom Sommer auf der Seelenalpe einfach meine Bilder vom Allgäu.

Und wie man stets erst in der Rückschau wirklich erkennen kann, welche Fäden sich durch eine Geschichte weben, entdecke auch ich erst allmählich, wie viele Einzelheiten dessen, was mir heute an dieser Landschaft und ihren Menschen interessant und wichtig erscheint, schon damals angesprochen waren: der Freund des Vaters, der in mir die Liebe zu den Bergen weckte und mich deren Gefahren lehrte; die Arbeit der Sennerin und wahrscheinlich auch ihr Scheitern, das den Städter die Mühen der Bergbauern miterleben ließ; der uns Kindern suspekte Gast, den die Alpe nur als billiges Quartier zu interessieren schien und dem das Bier soviel wichtiger war als unsere neugierigen Fragen, woher die Milch komme und warum der Peter so stinke und . . .

Das Allgäu habe ich also von Anfang an aus dem Blickwinkel des Gastes gesehen. Und von Anfang an war es immer auch mein Allgäu: Denn was bleibt dem, der in eine Landschaft mit einer Überfülle von Eindrücken kommt, anderes übrig, als sich seinen Teil herauszugreifen. Das Lieblingssteinchen, sozusagen, aus einem bunten Mosaik.

Vermutlich geht es sogar den Menschen, die hier leben, nicht anders. Sie tun sich ja schon schwer damit, die Grenzpflöcke ihrer Heimat abzustecken. Seit das Allgäu auch so etwas wie ein Markenbegriff in der Wirtschaft, vornehmlich in der Landwirtschaft als Werbesiegel für Milch und Butter, und recht einträglich auch im Fremdenverkehr geworden ist, blicken die *eigentlichen* Allgäuer argwöhnisch auf jene, die das Gebiet Zug um Zug bis nach Buchloe oder Bad Wurzach ausgedehnt haben.

Das Allgäu gibt es nämlich nicht. Zwischen dem Lech im Osten und dem Bodensee im Westen, zwischen den Moränenhügeln im Norden und dem Alpenkamm im Süden ist das Allgäu zuallererst eine Ecke für Sammler. Hier kann, hier muß sogar jeder für sich allein entscheiden, was ihm aus dem Angebot gefällt: Da ist zum Beispiel die Zugfahrt von München nach Kempten, die den Fahrgast, selbst wenn er im Eurocity via Zürich sitzt, gemächlich um jede Moräne kurvt. Wer da mit dem Fahrplan hadert, darf als Entschädigung ab Kaufbeuren durch das Zugfenster linkerhand das Panorama der Berge studieren. Es ist bestimmt die schönste Weise, ins Allgäu zu gelangen.

Da gibt es auf dieser Strecke und sozusagen am Anfang des Allgäus den Buchloer Bahnhof. Dort gerät, wer das Glück hat, den Anschluß zu versäumen, beim Warten auf die Weiterfahrt ins babylonische Sprachgewirr derer, die den Bummelzug in Richtung auf die Märchenschlösser im Füssener Land besteigen wollen.

Da ist der Auerberg, den schon Kelten und Römer als Schutz- und Trutzburg nutzten, weil die Sicht über die Gegend so vortrefflich ist. Da gibt es das Gunzesrieder Tal, in dem auf dem Konglomeratgestein des Nagelfluhs die Alpenflora am schönsten blüht, das Walten-

berger Haus, das, weil erst im mehrstündigen Marsch erreichbar, auch heute noch ein wenig von jener alten Bergromantik spüren läßt, die auf den großen Häusern im Getöse der Gesangsvereine und Kegelklubs oft verlorengeht.

Da gibt es die Renommiersteige, wie den Heilbronner Weg, aber auch die stillen Pfade. Da gibt es die Flanierstädtchen und die Schlösser, deren Zierat so überwältigt, daß kaum ein Besucher die Zeit findet für einen Blick auf ihre Umgebung, deren Reiz die bayerischen Könige aber gerade davon überzeugte, hier zu bauen. Und die Kirchen und die Klöster.

Und da gibt es noch die letzten kleinen Sennereien, wie jene in Untermaiselstein, deren Weißlacker-Käse und frischer Quark einfach köstlich sind.

Da kann, wer möchte, auf der Iller Schlauchboot fahren oder Dampfer auf dem Bodensee. Da kann der, dem's schmeckt, Käsespätzle schlemmen oder Felchen, die schmackhaften Verwandten der Forellen, dinieren.

Jeder nach seinem Geschmack.

Wer das Allgäu in seiner Vielfalt kennenlernen will, braucht dazu Jahre. All diese Nuancen auch zu genießen, erfordert noch mehr Zeit.

Bergromantik war auch 1905 nur ein Sonntagsbild. Der Alltag der Sennerinnen war hart. Zum Besuch aber zogen sie Festkleidung an.

In 1905 the romance of the mountains was wishful thinking. The milkmaids' everyday life was hard work. But they wore festive clothes when out visiting.

Zwischen Emmas Brief und meiner Rückkehr lagen viele Jahre. Und danach noch etliche, in denen ich immer wieder kam, mich umschaute und allmählich durch die Menschen, die ich hier traf, erst gelernt habe, wonach ich schauen soll.

Denn das Allgäu habe ich nicht bei Blitztouren auf die Oberstdorfer Skipisten oder als Ziel für eine Kurzvisite wirklich kennengelernt. Es erschließt sich dem Besucher erst, wenn er sich Zeit nimmt. Vielleicht sogar: wenn er es auf sich nimmt, zu Fuß bei Wind und Wetter hineinzuwandern oder herumzuradeln. So erst kann er Schritt für Schritt ein Gespür für die Varianten der Gegend entwickeln und, ich glaub' es fast, jenes Gefühl entdecken, das am Ende süchtig macht nach immer wieder neuen Entdeckungsfahrten. Hierher.

Ich habe mich mehr und mehr bemüht, den Menschen, die ich im Allgäu traf, zuzuhören. Ich habe viele kennengelernt. Nicht wenige schätze ich heute. Und ein paar darf ich auch zu meinen Freunden zählen. Sie waren es, die mir empfohlen haben, manches meiner liebgewordenen Bilder vom Urlaub bei Emma mit anderen Augen zu sehen. Einige auch neu zu bewerten. Den abendlichen Besuch des Jägers etwa: Heute weiß ich, daß der ohnehin angeschlagene Wald im Allgäu vor allem deshalb schlechte Überlebenschancen hat, weil die Zahl der Hirsche und Gemsen viel zu hoch ist. Der Jagdherr aber, vor dessen Eintreffen der Jäger jeweils den Himmel um Hilfe bat, daß auch der Hirsch sich am Hang zeigen möge, war stolz auf die vielen Tiere. Ihm schien nur wichtig, daß ein Trophäenträger vor die Flinte lief. Das viele Wild im eigenen Revier, mit dem er bei anderen Jägern auftrumpfen konnte, fraß jedoch den gesamten Nachwuchs im Wald auf.

Oder das Buttern im kleinen Faß vor Emmas Hütte: Heute weiß ich, daß die Sennerin der Seelenalpe keine Zukunft hatte. Überall gaben damals die Sennküchen auf, die Bauern mußten ihre Milch in die zentralen Milchwerke abliefern. Allmählich erst beginnt wieder eine Rückbesinnung im Allgäu. Der Wert der bäuerlichen Arbeit wird nicht mehr nur in den Statistiken der Agrarbürokraten bestimmt und ihre Hilfe beim Erhalt der Kulturlandschaft wieder geschätzt.

Die Bauern aus dem Hintersteiner Tal, der Hirte, der mir auf der Kemptener Hütte erzählte, daß er ein halbes Leben dort oben verbracht habe, Kurdirektoren, die nach neuen Wegen im Tourismus suchen, und Hüttenwirte, die ein Stück der guten alten Zeit bewahren wollen – sie alle haben mir von ihrem Allgäu berichtet. Jeder von seinem Allgäu. Und so verschieden wie das Land, in dem sie leben.

Karl Partsch war es, der mir die Augen für die Schönheit der Landschaft öffnete und mich sehen lehrte, daß diese Pracht nicht selbstverständlich ist. Der Biologe und engagierte Naturschützer, der von den Allgäuern als Fremder argwöhnisch beäugt, oft angefeindet wird, fasziniert, weil er anpackt. Wo andere lange reden, schart er Gleichgesinnte um sich, die der bedrohten Natur in den Bergen helfen wollen.

Der Wahl-Allgäuer Partsch kommt dem Bild, das die Allgäuer von sich selbst gerne zeichnen, deshalb manchmal am nächsten. Er ist unerschrocken: wie jener, den die sieben Schwaben voranschickten. Und er geht mit seinen Pflanzaktionen in den Höhenlagen neue Wege: wie die im Allgäu vielgepriesenen, hier Mächler genannten Tüftler.

Solche Menschen ziehen an. Und wer mit ihnen Bäume pflanzt und demonstriert, wer mit ihnen diskutiert, wer zuhört und zuschaut, dem verwischen die Grenzen. Allmählich begann ich, diese Gegend, für die auch ich mich engagierte, mit den Augen derer zu sehen, die hier leben und denen ich zusah. Manchmal glaube ich die Brille des Gastes bald ablegen zu dürfen.

Heute ist mir klar: Das abrupte Ende unserer Sommerfrische auf der Seelenalpe hat meine Erinnerung und damit lange Zeit auch meine Vorstellung vom Allgäu verklärt und verdreht. Doch ich bin mir sicher: Was ich so lange in meinem Kopf vor dem Ausbleichen gerettet habe, sind Suchbilder. Landkarten für meine Neugierde, die auch nach unzähligen Besuchen noch wach ist, Schatzpläne für meine Entdeckungsreisen, Wegweiser auf der Suche nach dem Original.

Und wenn es sein muß, dann kann ich mich hinter meinen Traumbildern vom verlorenen Urlaubsparadies auf der Seelenalpe auch verstecken. Und weiterträumen.

In engen Tälern und an steilen Hängen, wie hier in Hinterstein, ist die bäuerliche Arbeit oft schwer. Das Gesicht der Allgäuer Landschaft würde sich aber rasch ändern, wenn die Landwirte nicht weiterarbeiteten und so nicht als Landschaftspfleger dienten. Auf den Weideflächen wüchse sonst ein Wald heran. Der Lebensraum für Blumen, Kräuter, Vögel und Insekten würde aus dem Allgäu verschwinden.

Farming is often hard work in narrow valleys and on steep slopes, as here in Hinterstein. But the landscape would undergo rapid change if farmers were to stop working and tending the land. Woodland would soon reclaim the meadows, and the habitat of flowers, herbs, birds and insects would vanish from the Allgäu.

Bergwiese im Allgäu: Klee und Alpenkräuter wachsen auf den buckligen Hängen zwischen Oberjoch und Unterjoch. Die Gegend auf dem Gemeindegebiet von Hindelang gilt als wahres Blumenparadies. Im Frühling und Sommer ist dort ein stetig wechselndes Spiel der Blütenfarben zu beobachten.

A hillside meadow in the Allgäu. Clover and Alpine herbs grow on the humpbacked slopes between the Oberjoch and the Unterjoch. This area, part of the Hindelang local authority, rightly enjoys the reputation of being a floral paradise. In spring and summer the colours of flowers in bloom constantly change.

Mehrere hundert Jahre altes Bauernhaus bei Thalkirchdorf. In dem typischen Allgäuer Bergbauernhof ist heute ein Heimatmuseum untergebracht. Das Haus liegt im Konstanzertal, direkt an der Alpenstraße zwischen den Kurorten Immenstadt und Oberstaufen.

Farmhouse, several hundred years old, near Thalkirchdorf. This typical Allgäu farmhouse now houses a local history museum. It is in the Konstanzertal valley, on the main Alpine road between the spas of Immenstadt and Oberstaufen.

Allgäuer Alpen: Wo auf den Bergen das Edelweiß blüht

Es ist, wie es ehedem war: Auf den Graten und im Geröll leuchten winzige Blütensterne. Von Juli bis September liegt ein weißer Teppich aus am Laufbacher Eck. Das Edelweiß blüht wieder! *Leontopodium alpinum:* die wohl begehrteste Blume der Berge.

Je seltener das Edelweiß in den Felsspalten zu finden war, desto kräftiger trieb es seltsame Blüten. Die Pflanze schmückt Fensterläden und Hosenknöpfe. Sie blüht auf Filzhüten, ziert Bierseidel und Leinenhemden. Der Stern mit dem goldgelben Köpfchen prangt auf den Wappen von Vereinen und blitzt von den Stocknägeln der Wanderer. Das Edelweiß gilt den Berglern als Erkennungszeichen. Und den Mädchen als besonderer Beweis der Zuneigung, wenn ihr Bursch sie in den Felsspalten gepflückt hat.

Die Blume ist ein Sinnbild für den Umgang des Menschen mit der Natur in den Bergen. Einst geschätzt als Mitbringsel von der Höh', denn nicht jeder war erfahren und geschickt genug, das Edelweiß auf den mancherorts ausgesetzten Standorten zu pflücken. Und so galt es als besonderes Geschenk.

Dann aber kamen die Pflücker in Scharen. Bergbahnen machten den anstrengenden Weg auf die Berge bequem, Steige ermöglichten nahezu jedem den Gang über die Grate. Und die Menschen begnügten sich nicht mit einzelnen Blüten, sie pflückten ganze Sträuße.

Jetzt hat die kleine Pflanze endlich wieder eine Chance, in der Natur zu überleben. Dreißig Jahre Einsatz waren nicht umsonst: Die Männer der Bergwacht haben das Symbol der Berge auf den Allgäuer Gipfeln gerettet.

Seit 1958 verbringen die Mitglieder der Bereitschaft Sonthofen dafür ihre Sommer in einer Schutzhütte am Grat auf dem Laufbacher Eck. Ihre Kollegen aus Kempten haben mit der Höfats einen der bekanntesten Allgäuer Grasberge unter den besonderen Schutz der Bergwacht gestellt. Ganz aus freien Stücken. Dort oben und auf ihren Rundgängen entlang der Fernwanderrouten am Alpenhauptkamm, auf dem Gottesacker-Plateau unter dem Hohen Ifen oder im Blumenparadies über dem Nagelfluh-Gestein des Gunzesrieder Tales passen die Helfer auf, daß niemand Sträuße pflückt. Damit die rar gewordenen Blumen dem Allgäu erhalten bleiben.

Mehr noch: Die Bergsteiger gruben neue Polster in die steinige Erde der steilen Schrofenhänge, jener gerölldurchsetzten Grasberge. Das war ihre Starthilfe für einen Neuanfang in der Natur: Sie setzten die Zuchtpflanzen auf den Bergen aus, damit sich der arg dezimierte Bestand schneller erholen konnte.

Die Rettung der Natur in den Bergen haben sich die Männer, die gern über Stock und Stein kraxeln, die es lieben, in luftige Höhen zu steigen und auf Skiern ins Tal zu schwingen, auf die Fahnen geschrieben. Sie sehen dies als ihren Auftrag. Naturschutz zählt zu den Gründungsaufgaben ihrer Organisation. Die Unfallhilfe, für die diese Spezialtruppe des Roten Kreuzes nur allzuoft in die Berge gerufen wird, wurde erst später zur Schwerpunktaufgabe. Heute sind Bergwachtleute ausgewiesene Experten auf beiden Gebieten: Sie können helfen, wenn Wanderer in Bergnot geraten. Erste Hilfe gehört für sie sozusagen zum „Basisgepäck", wie das Skifahren und das Klettern zur Grundausbildung gehört.

Viele von ihnen sind auf den Bergen der Welt zu Hause. Extreme Alpinisten, die auf viele Gipfel geklettert sind. Wahrscheinlich ist das der Grund dafür, daß sie sich mit aller Kraft für die Natur in ihrer Heimat einsetzen. Denn die Erniedrigung der Bergwelt zum reinen Sportgrund wollen die Alpinisten nicht hinnehmen.

Die Allgäuer Berge: Rund 200 Gipfel reihen sich vom Tegelberg im Osten bis zum Hochgrat im Westen und vom Grünten im Norden bis zum Hohen Licht im Süden aneinander. Zwei Drittel davon erklimmen Höhen über 2000 Meter, der höchste „Allgäuer" ist mit 2657 Metern der Große Krottenkopf. Er steht auf österreichischem Boden.

Die verschiedensten Gesteins- und Bodenformationen bilden die Grundlage für eine äußerst reichhaltige Flora. Zwölf Natur- und 40 Landschaftsschutzgebiete in den Landkreisen Ober- und Ostallgäu zeugen von der Einmaligkeit dieser Region.

Um die Schönheit der Landschaft auskosten zu können, muß der Besucher sie in allen Einzelheiten erleben. Alles gehört dazu: Berge, Wasser, Schnee, Pilze, Beeren, Blumen, Gemsen und Murmeltiere . . .

All diese Schönheiten kann der Wanderer in den Allgäuer Bergen finden. Und noch mehr. Sie blühen am Wegrand, türmen sich am Horizont auf, verstecken sich in Schluchten. Man muß sich nur die Zeit nehmen und lernen, die Dinge zu sehen. Und sich aus den vielen dargebotenen Details ein prächtiges Mosaik zusammensetzen.

Einer der ersten, den die Verheißung dieses Erlebnisses auf die Berge trieb, war anno 1773 der Augsburger Fürstbischof Clemens Wenzeslaus. 56 Bauern schleppten den Landesherrn und sein Gefolge in Sänften auf den Grünten. Diese Tour gilt als die Geburtsstunde des Alpinismus im Allgäu.

Die ersten *richtigen* Bergsteiger mühten sich da schon selbst: Ganze 24 Stunden zum Beispiel brauchten 1901 der Fotograf Max Heimhuber und Hofrat Max Madlener zur ersten Besteigung des Nebelhorns bei Oberstdorf auf Skiern.

Dann aber ging es Schlag auf Schlag. 1940 stand der erste Skilift bei Riezlern im Kleinwalsertal, den ersten Skiklub gab's dort schon kurz nach der Jahrhundertwende. Heute schaukeln acht Kabinen- und 22 Sesselbahnen die Menschen auf die Berge. An die 200 Skilifte kommen hinzu.

Die Allgäuer Alpen sind, was das Interesse der Touristen anlangt, eher Wander- denn Kletterberge. Gleichwohl bieten sie auch extremen Alpinisten im Sommer wie im Winter anspruchsvollste und genußreiche Bergabenteuer.

Von oben kann aufs Allgäu schauen, wer den Mut hat, mit dem Drachen vom Tegelberg herabzusegeln. Dort über Schwangau liegt das Dorado der Drachen- und Gleitschirmpiloten. Seit Mitte der 70er Jahre bieten sie bei ihrem lautlosen Schwebflug von der Rampe an der Bergstation hinaus über die Seen des Füssener Lands und hinweg über die Türme der Königsschlösser ein einmaliges Schauspiel für jene, die auf den ehemaligen Jagdsteigen der Bayernkönige wandern.

Die Pisten von Oberstdorf, am Nebelhorn und am Fellhorn, im Kleinwalsertal, an der Kanzelwand und am Hohen

Ifen, bei Oberstaufen, am Hochgrat und Imberg sowie die Hörnergruppe bei Bolsterlang sind die bekanntesten Wintersport-Gebiete. Die Brettl-Fans werden im Allgäu jedoch überall fündig.
Abseits der von Walzen präparierten Hänge bietet die Landschaft zudem auch den eher stillen Skigenuß. Auf Langlaufloipen. Und für Tourengeher. Wer diese hochalpine Sportart beherrscht, der findet im Allgäu mitunter Tiefschneeabfahrten mit weit über 1000 Höhenmetern, die ihm ganz allein gehören. Rund um Oberstdorf liegt auch für diese Individualisten das Mekka, die anspruchsvollsten Touren führen über die Hornbachkette.
Die Kletterer zieht es oft schon früh im Jahr ins Allgäu. Denn vor allem an den Südflanken taut der Schnee rasch. Die Berge im Tannheimer Tal, der Gimpel und die Rotflüh, werden dann zu lohnenden Zielen.
Daß das Allgäu „grün" ist, trifft sogar auf seine Berge zu. Wo sonst graue Felsgipfel und Grate kantig und kühl das Panorama krönen, legen die Allgäuer Berge ihren Grasmantel um. Aber Achtung! Harmlos sind Touren auf solche Grasberge keinesfalls. Im Gegenteil: Die meisten der extrem steilen Flanken erfordern vom Bergsteiger eine besondere Technik. Denn die Hänge sind abschüssig wie Hausdächer, und der Untergrund kann rutschig sein.
Der Lohn für die Mühe des oft stundenlangen Aufstiegs ist überwältigend. Im Frühling und Frühsommer verwandeln sich die grünen Berge in wahre Blumenfelder. Zu den bekanntesten dieser typisch Allgäuer Berge zählen die Höfats (2258 m) und der Schneck (2268 m).
Bequemer ist es auf den rund 4600 Kilometer Wanderwegen, die kreuz und quer durchs Allgäu ziehen. Über 100 Jausenstationen und Hütten bieten entlang dieser Wege reichlich Möglichkeit zu Einkehr, Rast und nächtlicher Ruh'.
Allein etwa 60 Kilometer lang sind die markierten Höhenwege, die den Wanderer stets in Höhen um 2000 Meter über die Grate und Gipfel leiten. Der Heilbronner Weg ist wohl der berühmteste dieser Steige. Schon 1899 wurde er eröffnet. Seither schieben sich an schönen Tagen Hunderte von Wanderern über die mit Seilen und Eisenleitern gesicherten Felsen.
Solche Klettersteige zählen zum Streitobjekt zwischen puristischen Extremkletterern und jenen, die den Genuß einer Gipfelrast möglichst vielen ermöglichen wollen: Mit Hilfe von Drahtseilen, Eisenstiften und Leitern, die im Fels verankert sind, überbrückt dort auch der weniger geübte, aber mutige Bergtourist Stellen, die für ihn sonst unpassierbar wären. Auf dem Mindelheimer Klettersteig dringt, wer es wagt, so in Regionen vor, die sonst echten Könnern vorbehalten blieben.
Vorsicht ist angesagt. Rasch kann das scheinbare Vergnügen zum bitteren Ernst werden, wenn die eigenen Kräfte oder die Launen der Natur falsch eingeschätzt werden. Daher sollte solch ein Abenteuer nie ohne den Rat und die Hilfe erfahrener Führer angegangen werden.
Je mehr die Allgäuer ihren Gästen den Weg auf die Berge mit Bahnen oder Steigen erleichterten, desto zahlreicher zog es die Menschen hinauf in diese so ganz andere Welt. Solcher Massenandrang bringt Probleme. Die Bergwachtmänner erleben es in doppelter Weise. Einerseits müssen die knapp 850 Helfer im ganzen Allgäu Jahr um Jahr etwa 450mal im Sommer und fast 1000mal im Winter in den Einsatz. Bei kleinen Blessuren beizustehen, ist dabei die geringste Aufgabe. Steinschlag und Lawinen sind nur selten die Ursachen der Unfälle. Meist überschätzen sich die Wanderer selbst. Oder sie haben es nicht gelernt, mit den Gefahren der Natur zu leben. Allzuoft endet die Suche nach dem Bergerlebnis für Wanderer und Skifahrer dabei tragisch.
Andererseits ruiniert vielerorts die Rücksicht der Allgäuer auf die Bequemlichkeit ihrer Gäste gerade jene Schönheiten der Landschaft, derentwegen die Menschen hierher kommen. Ein falsch verstandener Wettstreit unter den Tourismuszentren hat der Region ein schweres Erbe aufgebürdet. Dort bestimmen heute Parkplätze, Hotels und planierte Berghänge das Bild der Landschaft.
Die Allgäuer haben daraus gelernt. Weitere Ski-Erschließungen wird es kaum noch geben. Zu abschreckend sehen die vernarbten und mit Liftanlagen bespannten Hänge im Sommer aus.
Wenn die Wanderer quer durch die Brutgebiete etwa der Rauhfußhühner gehen oder die Beeren pflücken, die die Tiere brauchen, dann sind die Bestände gefährdet. Für die Allgäuer Naturschützer hat das Thema Symbolkraft. Gern zitieren sie die Klagen, die es bei jeder Einweihung eines neuen Alpweges gibt. Stets werde lamentiert, der Naturschutz mache diese Wege durch Bauauflagen teuer. Doch das ist ganz im Sinne der Naturschützer, denn so wird der Bau manchen Weges wegen der hohen Kosten verzögert oder sogar gestoppt. Die Naturschützer wollen ganz neue Wege gehen: Das Modell der Naturschutzarbeit durch Kenner und Liebhaber der Berge, wie es die Bergwacht im Allgäu zeigt, findet allmählich auch in anderen Gemeinden der Region Anhänger. Es erfordert Engagement. Elf Wochen lang ist zum Beispiel jeden Sommer die Schutzhütte am Laufbacher Eck rund um die Uhr besetzt. Hinzu kommen zahllose Streifen, die die Bergwachtleute im Sattel ihrer Mountainbikes auf den Wanderrouten fahren.
Dafür belohnt der Erfolg. Das Edelweiß ist zwar das bekannteste, nicht aber das wichtigste Schutzobjekt. Am Laufbacher Eck ist es gelungen, den vielleicht letzten Standort der *kriechenden Nelkenwurz* in Deutschland zu erhalten.
Derlei Erfolge verbuchen die Bergler nicht nur aufs eigene Konto. Der Trend der Zeit half mit. Wer partout ein echtes Edelweiß zu Hause präsentieren will, der nimmt heute die Kamera mit auf den Berg. So ist zu erklären, warum der Jahresbericht der Bergwacht-Naturschützer bei über 12 000 Einsatzstunden nur rund 50 Beanstandungen vermerkt.
Dafür spenden die Bergwachtmänner den Allgäu-Gästen ein Lob.

Typisch für die Grasberge des Allgäus: die steilen Flanken der Höfats über Gerstuben.

The steep slopes of Höfats above Gerstuben are typical Allgäu mountain pasture.

Jäger auf dem Rundgang durch sein winterlich verschneites Revier. Der im Dienst der Wittelsbacher Fürsten stehende Waidmann geleitet manchmal auch Gäste über die Jagdsteige der Bayernkönige. Die Steige reichen oft hinauf bis in die Einsamkeit der Gipfelregion wie hier unters Gaishorn und Rauhorn, über die der berühmte „Jubiläumsweg" führt.

A huntsman on his round in the winter snow. Employed by the Wittelsbach ex-royals, he occasionally takes visitors along the hunting tracks used by the kings of Bavaria. They often extend way up into the solitude of the mountain peaks, as here just short of the Gaishorn and Rauhorn, which are traversed by the famous Jubilee Track.

Tief verschneites Pistenparadies: Die Mittelstation der Nebelhornbahn bei Oberstdorf ist im Winter wie im Sommer ein beliebter Ausgangspunkt für Ski- und Wandertouren. Und die Aussicht ist lohnend: Hohes Licht, Älpelesattel, Kreuzeck und Raueck säumen den Horizont. Im Blick ist rechts auch einer der schönsten Allgäuer Grasberge, die Höfats.

A skier's paradise snowed under. The half-way house of the Nebelhorn funicular railway near Oberstdorf is a popular starting point for hikers and skiers in summer and winter alike. And the view is well worthwhile, with the Hohes Licht, Älpelesattel, Kreuzeck and Raueck lining the horizon and, on the right, the Höfats, one of the finest grass-clad Allgäu peaks.

Natur entdecken auf relativ ruhigen Wegen - in der Starzlach-Klamm bei Burgberg ist dies für den Allgäu-Besucher noch möglich. Der gut ausgebaute und gesicherte Steig führt entlang des tobenden Bachs. Der Spaziergang bietet dem Wanderer ein wild-romantisches Erlebnis.

Discovering nature in relative peace and quiet is something visitors to the Allgäu can still do in the Starzlachklamm area near Burgberg. The secure and well-marked track runs alongside a rushing stream. This is a walk that holds forth for the hiker the promise of wild and romantic experience.

„Ökomodell Allgäu": Von Bergen, Bauern und Biotopen

Der Weber Kaspar soll wieder einen Vortrag halten. Also hat er sich herausgeputzt: In Kniebundhosen, über dem weißen Hemd den Janker, so tritt er beschwingt vor seine Gäste.
Bauernschüler sind auf den Hof gekommen. Und der Weber Kaspar schmunzelt, denn was hinter deren Stirn nun vorgeht, kann er sich denken. Was, so scheinen sie zu überlegen, gibt es hier schon zu lernen? Auf dem Bergbauernhof im Allgäu steht kein Futtersilo und in der Scheune kein starker Schlepper. Im Stall kann der Bauer sein Vieh vermutlich an zwei Händen abzählen, und wahrscheinlich kraxelt der Weber Kaspar noch zu Fuß über seine steilen Wiesen und mäht das Gras mit der Sense!
Um so mehr freut sich der Chef der Hintersteiner Wald- und Weidegenossenschaft auf sein Trumpf-As. Ein Büschel Heu in der Hand, kommt er aus der Scheune und ermuntert seine Gäste, einfach einmal daran zu schnuppern. Als die ersten ihre Nase in das Viehfutter stecken, hat er schon gewonnen: Welch ein Duft!
Es ist ja auch die reinste Medizin. Darauf ist der Bergbauer stolz. Dieses Heu erntet er auf einer Wiese, die er nur alle zwei Jahre mäht. Deshalb hat die Natur dort Zeit, ihre Kraft reifen zu lassen. Heilkräuter leihen dem Futter die Würze. Ist eine Kuh krank, gibt er ihr zwei Tage lang dieses Futter, und sie wird ohne Tierarzt gesund. Das versichert der Bergbauer den Junglandwirten. Der Weber Kaspar hat seine Zuhörer geködert. Für sich. Und für sein Thema: das Ökomodell Allgäu.
Argumentieren hat der Bauer nie gelernt. Vor ein paar Jahren avancierte er trotzdem zum Vortragsredner, gemeinsam mit Ernst Wirthensohn vom bayerischen Bund Naturschutz, aus dessen Feder das Projekt „Schutz der Natur durch ökologische Ausgleichszulagen" stammt. Den Bergbauern soll es eine wirtschaftliche Zukunft sichern und gleichzeitig der Allgäuer Landschaft ein unverfälschtes Überleben garantieren.
Es hat Jahrhunderte gedauert, bis die Arbeit auf den Wiesen und in den Wäldern aus einer Ur- die heutige Kulturlandschaft geformt hat. Die Ahnen haben Bäume gerodet. Sie schufen damit erst den Platz für die Wiesen, deren Reichtum an Pflanzen und Kleingetier für die Qualität der Ernten sorgt. Heute hat der Wald im Allgäu nurmehr ein Viertel seiner einstigen Fläche. Und auch die Wiesen und Felder änderten im Laufe der Zeit ihr Gesicht. Die Leineweber kannten das „blaue" Allgäu ihrer Flachsfelder. „Grün" ist das Allgäuer Milchland erst seit dem 19. Jahrhundert. Es gibt nicht mehr allzu viele Bauern. Überall haben die Jungen die alten Höfe aufgegeben. Sie verdienen ihr Geld nun in der Fabrik oder im Büro, und vielleicht vermietet die Frau noch ein paar Zimmer.
Die letzten aktiven Bauern in der Genossenschaft des Hintersteiner Tales halten viel von der neuen Idee, die auf ihre alten Ideale setzt. Die überlieferten Werte sind wieder in Mode. Keiner fährt mehr Kunstdünger auf die Wiese. Keiner spritzt gegen unliebsame Gräser. Das Hintersteiner Tal ist chemiefrei, sagen sie stolz.
Ziel dieses Ökomodells ist es zu beweisen, daß landschaftsschonende Arbeitsweise am Ende auch dem Bauern nützt. Naturschützer haben in Hindelang deshalb zunächst einmal die gesamte Gemeindefläche begutachtet. Überall, wo durch Verzicht auf Dünger und chemische Keule oder durch spärliche Mahd Flora und Fauna erhalten werden können, soll den Bauern der Einstieg in extensive Wirtschaftsformen versüßt werden: mit Fördergeldern, die den Mindererertrag der Ernten ausgleichen.
Doch das Ökomodell ist keine Subvention, es soll die Bauern vielmehr auf einen Weg leiten, auf dem sie trotz schwieriger Bedingungen in den Bergen die Konkurrenz bestehen können.
Die Bauern sehen das genauso. Sie sind davon überzeugt, daß ihre Produkte wegen der hohen Qualität Anhänger finden. Sie werden sich vom Subventionstropf abhängen können, denn sie finanzieren sich durch den Verkauf ihrer ökologisch wertvollen Ernten.
Biolandbau in den Bergen heißt also die Devise im Allgäu: Die Idee findet mehr und mehr auch bei den Verantwortlichen in der Gemeinde Hindelang Zuspruch. Hier liegt eine der Keimzellen der neuen Bewegung. Der Kurdirektor und der Bürgermeister sehen nämlich auch die Vorteile des Ökomodells für den Tourismus. Wer wisse, daß die Leute wegen der schönen Landschaft hierherkommen, der müsse alles

tun, um diese zu erhalten, sagen sie. Und sie konnten ihren Gemeinderat überzeugen, daß dieses Projekt aktiv unterstützt werden muß.
Hindelang müht sich, die notwendige Vermarktung der heimischen Produkte zu fördern. Eine eigens dafür angeforderte Studie soll die Absatzchancen von Butter und Käse, die im Tal hergestellt sind, klären. Die ersten Hoteliers ziehen ebenfalls mit. Sie haben mit den Bauern mittlerweile einen Vertrag geschlossen. Den Küchenchefs garantiert er stets frische und gute Ware, den Bauern einen regelmäßigen Absatz zu sicheren Preisen.
Und weil auch in Hindelang in der Vergangenheit alle Sennküchen abgebaut worden waren, soll nun zum ersten Mal in der Gegend der Trend wieder umgedreht werden: Das Gelände hat die Gemeinde schon, auf dem eine neue Schaukäserei entstehen soll.
Alles zum Wohl der Kunden. Und dieser herrlichen Landschaft. Wiese ist in diesem hintersten Winkel des Allgäus nicht nur Wiese. Im Tal, wo der Bauer wie üblich düngt, sind sie nichts als saftig grün. Dort wird das Gras mehrfach gemäht. Diese intensive Wirtschaftsform geht zu Lasten der Vielfalt. Denn das Überangebot an Nährstoffen sind die Blumen, die eigentlich hier sprießen, nicht gewöhnt. Sie lieben eher karge Böden. Weiter droben, an den von Buckeln ausgebeulten Hängen, wird nur einmal im Jahr geschnitten. Dort blühen die Wiesen monatelang. Bäche und Haine teilen die Landschaft,

Die Heuernte an den Hängen war Schwerstarbeit. Alle Hofbewohner mußten mit Hand anlegen.

Harvesting hay on the slopes was the hardest of work, and everyone on the farm had to lend a hand.

ohne sie wirklich zu trennen. Hecken und Steinmauern grenzen nicht aus, sie bieten vielmehr Schutz und Unterschlupf für Vögel und Reptilien. In den Moorschlenken, den Wasserrinnen, wächst der fleischfressende Sonnentau, Orchideen blühen überall.
In Vorderhindelang sind noch immer die vor Generationen geebneten Terrassen zu entdecken. Dort ernteten die Bauern ehedem Flachs und Korn. Ein Mosaik paradiesischer Eindrücke. Der Besucher wandert hier durch ein landschaftliches Kleinod: Das Gebiet ist eines der letzten großflächigen bäuerlich genutzten Biotope Deutschlands.
Und es ist nicht zuletzt deshalb die wohl schönste zusammenhängende Blumenlandschaft der Republik. Blüten auf Schritt und Tritt. Zwischen den Ortsteilen Unter- und Oberjoch und auf den Hintersteiner Buckelwiesen ist zwischen der Schneeschmelze und August ein rar gewordenes Naturereignis zu bestaunen. Das Farbenspiel der Wiesen: Im Abstand von oft nur wenigen Tagen wechselt die Natur ihr Kleid. Erst zart grün, dann gelb und über weiß zu violett – bunte Blütenbilder der Saison. Ein Landschaftserlebnis für alle Sinne. Wer in die Wiesen taucht, hört Insekten summen. In den Büschen zwitschern Vögel. In die Nase wehen tausend Düfte. Sogar der Gaumen darf an dem Erlebnis teilhaben: Denn wo die Kuh solches Futter frißt, fließt aus dem Euter wahre Sahne . . .
Solche Vielfalt hat ihren Grund. Das durch den Jochpaß östlich von Sonthofen und die Seitenarme der Ostrach gegliederte Gebiet entlang der Grenze zu Österreich weist als Relikt der Eiszeit geologisch unterschiedlichste Gesteine und Bodenarten auf. Je nach Standort wachsen andere Pflanzen. Und so können die Botaniker hier noch nahezu die gesamte Palette der alpinen Flora aufnotieren. Arnika und Bergflockenblume, Akelei und Braunelle. Klee-, Enzian- und Orchideenarten, Silberdisteln, Berberitzen und Wacholder sprießen auf den sogenannten Bergmähder- und Buckelwiesen. Mehlprimel, Knaben- und Heidekräuter oder verschiedenste Seggen-, Woll- und Borstgräser bestimmen die Flora der Streuwiesen und der Moore.
Ein Garten Eden. Noch. Auch dieses ursprüngliche Fleckchen Allgäu ist längst keine heile Welt mehr. Der zunehmende Massentourismus, der weitere Ausbau von Liftanlagen und Parkplätzen konterkarieren die Entwicklung Oberjochs zur größten Bergblumenlandschaft Deutschlands. Da hat Hindelang, das sich gerne als Wegbereiter neuer ökologischer Ideen im Allgäu präsentiert, genau dieselben Probleme wie die anderen großen Ferienorte: Schwangau oder Füssen etwa leiden unter dem Verkehr der Millionen, die zu den Königsschlössern pilgern und dabei Parkplätze zum landschaftsprägenden Element werden lassen. Am Fellhorn bei Oberstdorf ist der vermutlich schönste Blumenberg der Region zugunsten breiter Ski-Trassen planiert worden.
Beispiele nur. Was wäre anderes zu erwarten. Die 5000 Menschen in Hindelang mit seinen 7000 Gästebetten etwa leben zu 90 Prozent von den Fremden. Das ist durchaus typisch fürs Allgäu. Und es hinterläßt Spuren. Auch im Kurort Hindelang sieht die Luft sauberer aus, als sie ist. Das beweisen die kranken Bäume. Oder die Landschaft: Nach den Spektakeln der Trickski-Weltmeisterschaften sind die Hänge am Iseler jedesmal arg vernarbt.
Hindelang setzt auf seine Bauern. Nur deren Erfahrung kann verhindern, daß die Allgäuer Landschaft als Grundlage für den Fortbestand auch des Tourismus nicht verspielt wird. Beispiele solcher Sünden aus zurückliegenden Jahren gibt es genug.
Die Bauern erinnern sich heute wieder an die Weisheiten der Alten. Und sie lernen, Zusammenhänge zu respektieren: Wo zu viele Kühe auf kargen Wiesen grasen, haben Gras und Blumen kaum Zeit zum Reifen. Arten sterben. Andererseits hinterlassen große Herden zuviel Dung. Dann blüht auf einst bunten Magerflächen nur noch der Ampfer. Dies zu ändern erfordert gut ausgebildete Landwirte. Bauern, die für ihren Stand eine Zukunft sehen und bereit sind, ihr hartes Los zu tragen, obwohl sich die Arbeit schon seit Jahren nicht mehr rentiert. Zumindest, wenn sie einer in Mark und Pfennig mißt. In der Gegend gibt es schon lange keinen einzigen Hof mehr, dessen Ertrag eine Familie ernähren könnte. Selbst die Zahl der Zu- und Nebenerwerbsbetriebe nimmt rapide ab. Lebten in Hindelang 1960 noch 216 Bauern, sind es heute kaum noch 70. Die Folgen sind fatal: Wo nicht mehr gemäht wird und keine Kühe mehr weiden, verbuschen die Wiesen, Flugsamen läßt den Fichtenwald keimen.
Was Naturschützer als Schreckgespenst für die Landschaft beschwören, scheint manch anderem Betrachter durchaus wünschenswert. Einige Ex-Bauern spekulieren auf die einmal einträgliche Holzernte für die Enkel. Zum anderen: Kommen die neuen Setzlinge dem auch im Allgäu kranken Wald nicht zugute? Der Preis für diese Vorteile ist den Naturschützern aber zu hoch. Auch wenn das Absägen der Büsche und Bäume viel Schweiß und Geld kostet, sollen dort wieder Wiesen blühen. Eine Schutzfunktion gegen Lawinen und Steinmuren hat der Wald an diesen Stellen nicht. Und wo keine Wiesen mehr sind, finden Insekten und die von ihnen lebenden Vögel keinen Lebensraum mehr. Es würde ruhig werden im Allgäu.
Hinzu kommt: Auf diese Arbeit zu verzichten, das ist den Menschen hier unmöglich. Das hat gar nicht einmal mit dem Problem der Landschaftsverarmung zu tun. Die Bauern im Allgäu denken anders: Es fällt ihnen einfach schwer, das aufzugeben, was ihre Ahnen aufgebaut haben.
Weil diese Bergbauern sich über Jahre hin gegen die Verlockungen der modernen Agrarindustrie gestemmt haben, können sie heute vorneweg marschieren. In eine Zukunft für ihren Stand. Denn sie haben, statt die Wiesen tot zu düngen, lieber auf ein größeres Quantum Heu verzichtet und statt dessen weiterhin die Kraft der Kräuter im Heu genutzt. Das sichert ihnen jetzt eine günstige Startposition beim Einstieg in die anerkannte ökologische Anbauweise.
Die Vorzüge der Allgäuer Landschaft mit allen Sinnen erfahren – die Bergbauern in Hindelang wissen, wie das gehen kann. Der Kurdirektor liefert die passende Werbekampagne. Das neue Öko-Image des Ferienorts soll sinnlich erlebbar werden mit Produkten, die hier erzeugt werden und deren Herstellungsart garantiert, daß die Landschaft bleibt, wie sie ist. Motto: Im Allgäu ist Käsebrot essen Umweltschutz.

Das Allgäu ist ein Milchland. Je würziger das Futter der Braunviehrasse, desto geschmackvoller sind Milch und Käse. Im Hintersteiner Tal verzichten die Bauern schon lange auf den Einsatz von Chemie auf ihren Weiden. Sie wurden zu Vorreitern einer neuen, ökologisch orientierten Landwirtschaft.

The Allgäu is dairy country. The more fragrant the brown cows' fodder is, the tastier the milk and cheese. Farmers in the Hinterstein valley have long managed without chemicals on their pastures, pioneering a new, ecological approach to farming.

Mit Romantik hat das nichts zu tun: Das Holzziehen im Winter ist harte Akkordarbeit. Pferd und Bauer transportieren das im Herbst in den Hochlagen geschlagene Holz auf steilen Rutschen über den Schnee ins Tal. Eine Arbeit, die keine Maschine so effektiv leisten kann wie das Gespann. Für den Waldboden ist es obendrein die schonendste Art, Holz zu rücken.

This has nothing to do with romanticism. Logging is hard work against the clock in winter. The farmer and his horse cart timber felled at high altitudes in autumn by sledge down the snow-clad slopes into the valley. This is work that no machine could outperform them at; it is also the gentlest way to move timber across the forest soil.

Gesundes Allgäu: Eine Kur für Leib und Seele

Selbst der Papst, so will es jedenfalls die Legende, widersprach diesem Allgäuer Pfarrer nur leise. Und seine Gegenwehr ob der ihm auferlegten Torturen war gleichfalls eher lau. Der frisch ernannte Monsignore Kneipp nämlich blieb bei allem Respekt, den er Leo XIII. in dessen Privatgemächern zollte, bei der vorgeschlagenen Wasserkur für den Pontifex Maximus unnachgiebig.
Der Landpfarrer aus Wörishofen taxierte die Gesundheit des 84jährigen Papstes. Zehn Jahre, so erzählt man sich im Vatikan, habe der berühmte Wasserdoktor seinem Oberhirten noch versprochen. Allerdings: Der Papst müsse sich in diesem einen Fall schon an die Weisungen des Pfarrers halten. Und der ersparte ihm die kalten Wassergüsse nicht. Kneipp verordnete dem Papst Mittagsruhe und eine stärkende Diät aus Lebkuchen. Leo, heißt es, murrte. Und fügte sich in sein Schicksal. Er durfte dann tatsächlich noch fast neun Jahre verweilen, ehe ihn sein Schöpfer zu sich rief.
Man schrieb den Februar des Jahres 1894. Sebastian Kneipp war 73 Jahre alt und gerade zum päpstlichen Geheimkämmerer ernannt worden: weithin sichtbare Auszeichnung seiner medizinischen Künste. Obwohl mancher gelehrte Schulmediziner seiner Zeit den Pfarrer als Pfuscher verschrie. Der machte sich wenig aus derlei Neid. Er hielt sich an seinen Lehrsatz: „Wer das Gute zu tun versteht, aber es nicht tut, versündigt sich."
Daß Kneipp das Wissen um die heilende Wirkung des Wassers schon bei seiner Taufe im Ottobeurener Kloster erfahren haben soll, ist wohl ebenso eine Legende, die sich um sein Leben rankt . . .

Sein Name jedoch steht für das gesunde Allgäu. Ein Kurland für Leib und Seele. Es kommt kaum von ungefähr, daß Kneipp als Sohn dieser Landschaft eine medizinische Theorie entwickelte, die fast alles schon vorwegnahm, was moderne Ganzheitsmediziner predigen. Wer immer Seele und Körper etwas Gutes zu tun gedenkt, der ist in dieser Landschaft trefflich aufgehoben.
Hier, darauf sind die Menschen in der Südecke Deutschlands stolz, ist nämlich alles wahre Medizin: die sanften Hügel der Moränen-Landschaft, das satte Grün der Weiden, das Konzert der Kuhglocken und die Herbstnebel über den Moorsenken und Seen. Was das Auge einfängt, ist geeignet, das Gemüt zu festigen. Das Allgäu ist eine Gegend, die sich kaum vom Autofenster aus erschließen läßt, viel eher durchradelt und erwandert werden will oder durchfahren allenfalls in einer der Bummelbahnen, die sich südlich der Strecke München–Lindau auf die Berge zuschlängeln. Dann aber gönnt sich der Besucher ein neues Zeitmaß, reduziert sein Tempo und gewinnt, ohne es zu merken, Abstand von der Hektik seines Alltags.
Ob schlichte Hofkapellen oder prunkvolle Klosterkirchen: Sie laden ein zur besinnlichen Rast. Und verdoppeln das beruhigende, heilende Erleben dieses Landstrichs.
Das Allgäu gilt natürlich nicht nur wegen seiner Landschaftsreize, die die Seele massieren, als Kurland. Was die Region von anderen schönen Gebieten unterscheidet, ist die Vielzahl vorhandener medizinischer Einrichtungen.
Über hundert Kurärzte kümmern sich im Allgäu um das Wohl der Gäste. Unterstützt werden sie von Heilpraktikern, Masseuren, Bademeistern. In den großen Kurgemeinden wie Bad Wörishofen, Oberstaufen oder Hindelang kann der Gast jeweils unter mehreren Dutzend Kurbetrieben seine Bleibe wählen.
Das Allgäu bietet jedem den passenden Gesundbrunnen. Die einen pilgern nach Martinszell. In dem Dorf am Oberlauf der Iller gibt es einen Punkt nicht weit vom Ufer, an dem die Erdstrahlen in ganz besonderer Kombination zusammentreffen und auf den Organismus wohltuend wirken sollen. Hierher kommen die Heilsuchenden allein oder in Omnibussen, suchen „den Punkt" und erhoffen sich die Linderung ihrer Gebrechen, wenn sie genau an der Schnittstelle der Strahlen verharren.
Wer's weniger mystisch-esoterisch liebt: Neben Pfarrer Kneipps Erben (in den Kneipp-Kurorten Bad Wörishofen, Ottobeuren, Grönenbach, Scheidegg, Oberstdorf, Hindelang, Oy-Mittelberg, Füssen und Hopfen am See) bemühen sich die Betreiber von Moorbädern, etwa in Bad Wurzach, und der Mineral- und Schwefelbrunnen, wie in Bad Faulenbach, Bad Oberdorf und Weiler-Simmerberg, mit Wasser zu heilen.
Mit reiner Luft werben im Allgäu rund 20 Luft- und heilklimatische Kurorte. Das subalpine Klima mit niedrigem Luftdruck, nicht zu hohen Temperaturen und wenig Luftfeuchtigkeit, gepaart mit der intensiven Lichteinstrahlung in den Höhenlagen, wirkt wohltuend auf den Körper.
In Oberstaufen wird das Erbe eines zweiten berühmten Naturheilkundlers hochgehalten: Johann Schroth.
Der Bauer aus dem schlesischen Niederlindewiese beobachtete seine Tiere und versuchte, deren Verhalten auf den Menschen zu übertragen. Er entdeckte so die Wirkung periodischer Wechsel auf den Körper: Nicht nur die Abfolge von Kälte und Wärme wirkt heilend,

Er heilte mit der Kraft des Wassers: Pfarrer Sebastian Kneipp aus Bad Wörishofen.

Rev. Sebastian Kneipp from Bad Wörishofen was renowned for his use of the healing powers of water.

zum Beispiel bei Zerrungen oder gar Brüchen, der Wechsel von Trocken- und Trinktagen ist eine ideale Diät zur Entschlackung des Körpers. Schroth feilte diese Fitneßkur in einer eigenen Klinik aus, die alsbald weithin berühmt wurde. Nach dem Zweiten Weltkrieg verschlug es dann einen seiner Schüler ins Allgäu: Dr. Hermann Brosig brachte Schroths Kenntnis nach Oberstaufen.
Den Allgäuern war sicher nicht geheuer, daß sich einer, in feuchte Tücher gewickelt, ins saubere Bett legen sollte. So etwas waren sie nicht gewöhnt. Und vielleicht gelang das Schrothsche Experiment ja auch nur deshalb in Oberstaufen, so vermuten es zumindest manche Einheimische und schmunzeln dabei, weil der Ort nicht in einem Tal liegt, wie viele andere Allgäu-Gemeinden, und seine Bewohner sozusagen schon immer etwas „offener" gewesen seien.
Jedenfalls: Die Erfolge der Kur gaben den Schroth-Anhängern recht und überzeugten die Einheimischen. Oberstaufen wurde zum deutschen Schroth-Zentrum und darf sich seit 1991 offiziell Schroth-Kurort nennen. Und wenn es nach dem Willen der Verantwortlichen in Gemeinde- und Kurverwaltung geht, sollen noch höhere Ziele erreicht werden: die Anerkennung als Schroth-Heilbad.
Dafür gibt es gute Gründe: Der Kurbetrieb ist auch für die Allgäuer Gemeinden heilsam. Weil die Kur nicht von Wetter oder Schneelage abhängig ist, gleicht sie die Saisonschwankungen des Tourismusbetriebs aus. Zudem bleiben die Kurgäste meist länger als die Urlauber. Denn drei Wochen muß man schon in seine Gesundheit investieren, damit die Behandlungen Erfolg haben. In dieser Zeit geben die Leute dann aber auch Geld im Kurort aus. Die Allgäuer sehen's zufrieden.

Der typische Kurort hat daher eine andere Geschäftswelt als der reine Fremdenverkehrsort: Statt Wirtshäusern und Hotels bestimmen hier die Boutiquen und Schmuckläden das Ortsbild. Und als Gäste sieht man hier lieber die Flaneure vor den Schaufenstern und zwischen den Stühlen der Garten-Cafés als die Wanderer mit grobem Schuhwerk und bepackten Rucksäcken.
Die freilich zieht es ohnehin hinaus auf die Berge. Die geebneten Wanderwege für den beschaulichen Spaziergang im Tal überlassen sie freiwillig den Kurgästen, die sich über die Anstrengungen ihrer Gastgeber freuen. In immer mehr Allgäu-Gemeinden finden die Fußgänger nämlich wahre Wanderparadiese: autofreie Zonen in den Seitentälern. Oberstaufen ist darauf ebenso stolz wie auf die innerörtlichen Fußgängerzonen. Die Täler um Oberstdorf sind schon lange nur zu Fuß, mit dem Rad oder in der Kutsche erreichbar. Neuerdings strengt sich die südlichste deutsche Kommune gar an, dem Schweizer Ideal nachzueifern und auch aus dem Marktflecken selbst die Autos zu verbannen. Auf daß der Urlaub dort noch erholsamer werde.
Die Kur im Allgäu jedenfalls hat, allen Reformen des Gesundheitswesens zum Trotz, Zukunft. Gesundbaden können dabei natürlich weder die Heilkundigen noch ein paar Wunderheiler ihre hilfesuchenden Gäste. Eines aber ist sicher: Wer kurt, der bleibt fit.

Und: Zum Glück für die Allgäuer Kurspezialisten gibt es den sagenhaften Jungbrunnen nicht. Wunderkuren sind nunmal nicht im Sinne der – natürlich auch geschäftstüchtigen – Menschen: Eine Kur kann zwar Leiden lindern, der Effekt aber läßt allmählich wieder nach und nötigt den Gast zum Wiederkommen. In seinem und im Interesse der Gastgeber.

Im Konstanzer Tal bei Oberstaufen steht dieser bald 300 Jahre alte Bauernhof. Er ist Ziel manchen Spaziergangs der Kurgäste.

This fine old farm in the Konstanzer Tal near Oberstaufen is almost 300 years old and a regular target for spa visitors out for a walk.

Oberstdorf im Frühling: Der Ort, Tourismuszentrum im Oberallgäu, ist vermutlich schon von den Karolingern gegründet worden. Auf seiner Markung liegen sieben Seitentäler, die alle für Autos gesperrt und somit Wanderparadiese sind. Auf den Bergen rund um Oberstdorf finden Skifahrer und Bergsteiger lohnende Ziele.

Oberstdorf in spring. The Oberallgäu's tourist centre was probably founded by the Carolingians. It includes seven side-valleys all of which are barred to vehicular traffic, which makes them ideal for hikers. Skiers and mountaineers will find worthwhile targets in the mountains that surround the town.

Blick auf Oberstaufen: Der Kurort ist nicht nur bekannt für seine gesunde Luft. Das Zentrum der nach Johann Schroth benannten Kurmethode strebt seine Anerkennung als erstes deutsches Schroth-Kurbad an.

View of Oberstaufen. The spa is known for more than just its invigorating air. As the centre of the dietary technique named after Johann Schroth Oberstaufen is keen to gain official recognition as Germany's first Schroth treatment spa.

Bittgang nach St. Coloman: Vor Himmelfahrt sind solche Bittgänge überall im Allgäu Tradition. Die Bauern erflehen dabei den Beistand des Himmels für ihr Vieh und erhoffen sich den Schutz vor Unwetter und Naturkatastrophen.

A procession to St Coloman. Before Ascension processions of this kind are traditional events throughout the Allgäu. Farmers hope heaven will help them and their cattle and protect them from storms and natural disasters.

Berghofen im Frühling. Während im Tal bereits wieder die Weiden grünen, zieht sich der Winter auf die Gipfel zurück. Oben bleibt mitunter das ganze Jahr über der Schnee liegen. Dort, über den Grat des Daumen, führt der Hindelanger Klettersteig, eine lange und anspruchsvolle Bergtour.

Berghofen in spring. As the willows bud and sprout in the valley, winter withdraws to the mountain peaks, some of which remain snow-clad all year long. The Hindelang Track, a long and demanding tour, traverses the Daumen ridge.

Abendstimmung an der „Allgäuer Riviera": Vor der Gipfelkulisse des Ostallgäus liegt der Hopfensee. Die Idylle ist leider in Gefahr: In der Nähe planen Straßenbauer seit Jahren das Betonband einer Autobahn.

Evening mood on the "Allgäu Riviera." The Hopfensee lies at the foot of the eastern Allgäu's summit backdrop. It is an endangered idyll. Roadbuilders have for years planned to build an autobahn nearby.

Über den Dächern von Füssen thronen das Schloß und das ehemalige Kloster. Die Anlage, einstmals Residenz der Fürstbischöfe von Augsburg, stammt aus dem 14. Jahrhundert. Sehenswert sind nicht nur der imposante Bergfried und das wunderschöne Fürstenzimmer. Die Gebäude beherbergen heute eine Außenstelle der bayerischen Staatsgemäldesammlung und ein Museum mit Ausstellungen zu wechselnden heimatgeschichtlichen Themen.

The castle and the former monastery tower over the roofs of Füssen. A former palace of the prince-bishops of Augsburg, they date back to the 14th century. The impressive keep and the superb Fürstenzimmer are not all that is worth seeing. The buildings now house part of the Bavarian state art collection and a local history museum that holds regular exhibitions.

Romantisches Allgäu: Wo über Seen Schlösser thronen

Es sollte ein Dornröschenschloß werden: vergessen, verwunschen und von Sagen umwittert. So hätte sich das Bild von einem Ort, an dem ein unglücklicher König, in eine Phantasiewelt zurückgezogen, gelebt hatte, stimmig abgerundet. Und das mag der unselige Bayern-Monarch Ludwig II. (1845–1886) vielleicht auch gehofft haben, als er im Morgengrauen des 12. Juni 1886 von den Schergen seiner eigenen Regierung auf Neuschwanstein festgenommen und zur psychiatrischen Behandlung zum Schloß Berg an den Starnberger See gekarrt wurde.

Jedenfalls hat er, das ist überliefert, seinem Kammerdiener Sticherl als Vermächtnis aufgetragen, die Räume des Schlosses über der Pöllatschlucht vor den Augen und dem Zutritt der Leute zu bewahren. Notfalls, so weiß die Legende, sollte die Ritterburg gesprengt werden, damit sie nicht entweiht würde. Denn hier habe er, Ludwig, die schlimmsten Stunden seines Lebens verbracht.

Es kam alles ganz anders. Der pietätvolle Respekt vor dem letzten Willen jenes Menschen, der zwei Tage nach dieser Verhaftung tot im Wasser des Starnberger Sees gefunden wurde, währte gerade sieben Wochen. Länger blieb es nicht ruhig auf Neuschwanstein.

Und als hernach die Tore fürs Publikum geöffnet wurden, war's, als habe man eine Schleuse aufgemacht: Noch im Todesjahr Ludwigs strömten 18 000 Neugierige auf den Berg und durch die prunkvollen Räume der königlichen Burg.

Heute sind es alljährlich gut 1,5 Millionen Schaulustige aus aller Welt, die hier herkommen, und für diesen Besuch sind viele buchstäblich um die halbe Welt gereist. Die Schloßführer, die an manchen Tagen bis zu 3000 Stufen hinauf- und herabsteigen, um die Pulks der Interessierten durch die Gemächer zu schleusen, sind daher auf modernste Techniken der Verständigung angewiesen: Die Hinweisschilder gibt es in sechs Sprachen, die Tonbänder mit dem Text der Schloßführung sprechen gleich zwölf verschiedene.

Das Schloß ist der touristische Magnet im Allgäu und eines der Aushängeschilder der Republik. Die Ansicht der turmbewehrten Residenz auf dem Felsen wirbt wie die Bilder Heidelbergs und Rothenburgs überall für Deutschland. Kein Wunder: Das Schloß ist wahrhaftig königlich und gewissermaßen die Krönung einer herrlichen Umgebung.

In diesem Ostzipfel des Allgäus wetteifert es nicht nur mit dem zweiten Königsschloß, Hohenschwangau, auch das prächtige Stadtbild Füssens mit dem fürstbischöflichen Schloß und den teilweise noch erhaltenen Fresken in der Krypta von St. Mang oder Bauwerke wie die Wallfahrtskirche St. Coloman, zu Füßen des Schlosses auf den Wiesen von Schwangau gelegen und alljährlich im Oktober Ziel eines Bittgangs fürs Vieh, sind einen Besuch wert.

Der Bayern Lieblingskönig: Um das Leben und den mysteriösen Tod Ludwigs II. ranken sich zahlreiche Mythen.

Numerous myths are associated with the life and mysterious death of Ludwig II, Bavaria's favourite king.

Hier zieht zudem die Natur alle Register und spielt auf der gesamten Klaviatur ihrer Möglichkeiten. Wer von Neuschwanstein aus ins Tal blickt, vor dessen Augen erstreckt sich grün und sanft die Landschaft des Ostallgäus mit ihren Seen, dem Forggen-, dem Hopfen- und dem Bannwaldsee, mit dem Silberband des Lechs zwischen den Hügeln bis hinauf zum Auerberg am Horizont im Norden.

Dreht man sich um, dann fällt der Blick in die atemberaubende Tiefe der Pöllatschlucht, bevor er aufsteigt zur Marienbrücke, die waghalsig über dieses tosende Wasser gespannt ist, und zu den Gipfeln darüber, dem Geigelstein, genannt das „Allgäuer Matterhorn", dem Säuling und dem Tegelberg.

Alles, was die Romantik eben erfordere, sei hier oben wie auf einer Kitschpostkarte vereint – nur eben sei es Wirklichkeit, meint ganz zu Recht Julius Desing, der als Verwalter im Dienste des Freistaates Bayern seit nahezu 30 Jahren Schloßherr auf Neuschwanstein ist.

Das mag auch Ludwig II. so empfunden haben und wahrscheinlich bereits sein Vater, König Maximilian II., der 1832 die verfallene Ruine Hohenschwangau kaufte und das gelbe Schloß bis 1837 wiederaufbauen ließ. Aus jener Zeit stammt der erste Reiseführer der Gegend. Der rühmte ebenfalls die „zauberische Umgebung".

Die beiden Bayernfürsten waren mit ihrer Liebe zu diesem Landstrich nicht allein: 1838 machte die russische Zarin auf Hohenschwangau Urlaub, 1843 das schwedische Kronprinzenpaar, 1850 der österreichische Kaiser Franz Joseph und mehrmals der griechische König Otto.

Für den jungen Bayernprinzen Otto Friedrich Wilhelm Ludwig wurden die Kindheitsjahre, die er mit seiner Mutter häufig fernab der Münchner Residenz in den Bergen von Schwangau verbrachte, zum prägenden Erlebnis. Die Wälder, die er auf den Jagdsteigen des Vaters durchstreifte, und die Begegnung mit den Bauern zählten dazu. Und die ihm überall auf Hohenschwangau begegnenden Wandgemälde mit Bildern aus der deutschen Sagenwelt.

Märchenschloß Neuschwanstein: Stolz thront es über dem Füssener Land mit dem Forggen- und dem Bannwaldsee.

Fairy-tale Neuschwanstein Castle proudly surveys Füssen and environs, including Forggen- and Bannwaldsee lakes.

Zusammen mit dem Einfluß, den die Gedichte Friedrich Schillers und die Musik Richard Wagners auf den jungen Prinzen ausübten, ließ diese Atmosphäre die weltabgewandte, romantische Grundstimmung wachsen, an der der spätere König Ludwig II. bei seinem Versuch, sich in die politische Tagesarbeit einzuleben, scheiterte.

Schloß Hohenschwangau: Die Bayernkönige im 19. Jahrhundert stießen hier auf ein altes Erbe. Schon im 12. Jahrhundert war die damalige Burg ein bedeutendes Zentrum des deutschen Minnesangs. Ritter Hilpold von Schwangau gar fand Erwähnung in der berühmten Manessischen Handschrift.

Den Rittern lag vermutlich weniger an der herrlichen Umgebung denn an der strategisch günstigen Lage der Burg an den Handelswegen nach Tirol. Und so blieb Hohenschwangau auch, nachdem mit Konradin der letzte Staufer von hier aus in den Tod gezogen war, ein Treffpunkt der Gebildeten und Mächtigen, bis ins 16. Jahrhundert hinein.

Die rasche Renovierung wurde Max von Bayern erleichtert, weil die Burg Jahrhunderte zuvor von einem Augsburger Patrizier vor dem völligen Zerfall bewahrt worden war. Und wie später Ludwig mit Neuschwanstein die romantischste aller Burgen errichten ließ, hatte sein Vater den Ehrgeiz, gotischer als die Gotik zu bauen.

Vater und Sohn bedienten sich dabei jeweils der Hilfe von Theatermalern anstatt von Architekten. Hohenschwangau entstand nach Skizzen von Domenico Quaglio, Neuschwanstein entwarf Christian Jank. Und beide Male war den Erbauern weniger die Stilreinheit denn der Gesamteindruck wichtig. König Maximilian nahm dafür auch Anachronismen auf Hohenschwangau in Kauf. Gemütlichkeit war dem König letztendlich wichtiger als die getreue Nachbildung mittelalterlicher Wohnformen. So ließ er hinter gotisch verkleideten Kachelöfen zum Beispiel die damals modernste Heiztechnik einbauen.

Lange Zeit hatten die Schlösser im Allgäuer Königswinkel mit dem Stigma des Zuckerbäckerstils, des Kitsches zu kämpfen. Seit Ende der 60er Jahre jedoch haben die Experten ihre Meinung geändert. Heute gilt etwa Neuschwanstein unbestritten als ein bedeutendes Bauwerk des Historismus und ist als besonders erhaltenswert eingestuft.

Vor allem die Ausstattung der Königsschlösser ist sehenswert: Die Holzschnitzereien von Neuschwanstein sind von seltener Qualität. Während alle bayerischen Königsschlösser, also auch Linderhof und Herrenchiemsee, Stickereien oder Steinmetzarbeiten von hohem Rang besitzen, gelten die Schmiedearbeiten auf Neuschwanstein als einmalig.
Beiden Schlössern, Hohenschwangau und Neuschwanstein, ist der Versuch gemein, die Phantasiewelt der deutschen Mythen und Sagen in Architektur und Ausstattung als prägendes Element einzubeziehen. Vor allem Neuschwanstein ist eine einzige große Theaterkulisse für die Werke Wagners. Der König war nicht nur Förderer des Musikers. Die Freundschaft der beiden war eine der Keimzellen der Entfremdung zwischen Ludwig, seiner Familie und den Menschen am Hof.

Auf Ruinen aus dem 12. Jahrhundert Anfang des 19. Jahrhunderts wiederaufgebaut: Schloß Hohenschwangau.

Hohenschwangau Castle was rebuilt in the early 19th century on ruins dating back to the 12th century.

Der Monarch war, wie ihn der Schloßverwalter von Neuschwanstein und einer seiner Biographen beschreibt, ein intelligenter, aber sehr schwieriger Mensch. Ludwig II. war eben ein Außenseiter, heute würde man vielleicht sagen: Aussteiger. Mit Bismarck verband ihn eine von beiderseitigem Respekt getragene Beziehung, auch oder gerade weil die beiden so verschieden waren.
Ludwig II. hatte Mühe, sich den Gepflogenheiten der Politik, dem, was man von ihm verlangte, unterzuordnen. So wand er sich zweimal heftig, die Mobilmachung zu unterzeichnen, 1866 und 1870, versuchte einmal gar dieser „Pflicht" durch eine „Flucht" zu Wagner in die Schweiz zu entgehen.
Vergeblich. So vergeblich, wie letztendlich der Versuch war, mit dem Bau von Neuschwanstein, der am 5. September 1869 begann, 17 Jahre währte und trotzdem nie ganz vollendet wurde, den Intrigen am Hof zu entkommen. Die Ränkespieler in München holten ihn immer wieder ein. Und sei es nur, weil sie ihm die Baukosten für seine Schlösser aufs Schuldenkonto rechneten.
Der Vorwurf basierte auf einer verlogenen Argumentation. Angeblich habe der Monarch, der ein Jahreseinkommen von 5,5 Millionen Mark erhielt, sich mit 13 Millionen verschuldet. Selbst wenn die Zahlen, was bezweifelt werden darf, stimmten, es war sein eigenes Geld, das Ludwig verbaute. Kein einziger Heller wurde für den Schlösserbau aus der Staatskasse verwendet.
Die Schulden und die Bautätigkeit des Königs lieferten seinen Neidern in München genügend Vorwände, den nicht linientreuen Monarchen aus dem Amt zu drängen. Die Rebellion war von langer Hand geplant. Der Familienrat der Wittelsbacher und die ihnen ergebenen Regierungsmitglieder wählten seinen Onkel, Prinz Luitpold, zum Nachfolger. Um Ludwig loszuwerden, ließen sie dem König von Ärzten, die ihn nie gesehen hatten und nur aufgrund der Aktenlage diagnostizierten, eine Paranoia attestieren.
Den ersten Umsturzversuch Pfingsten 1886 überstand Ludwig zwar noch mit Hilfe der Land- und Feuerwehrleute aus dem Ostallgäu. Dem Rat Bismarcks, sich in München dem Volk zu zeigen und sich so dessen Unterstützung zu sichern, kam Ludwig nicht nach. In der Nacht zum 12. Juni umringten ihn dann nach einer Täuschung erneut seine Gegner und schafften ihn von Neuschwanstein fort.
Was dann geschah, liegt weitgehend im Dunkeln. Am 13. Juni 1886 gegen 23 Uhr wurden die Leichen von Ludwig und dem ihn begleitenden Arzt Dr. Gudden im Starnberger See gefunden. Um seinen Tod ranken sich die verschiedensten Erklärungsversuche: Mord? Selbstmord? Die Beweislage ist bis heute unklar. Der Familie lag nicht an einer Aufhellung des Dramas, schließlich galt es, eine Revolte zu vertuschen.
Dieser „Krimi" hat sicher, gemeinsam mit der die Phantasie anregenden Geschichte und der äußeren Gestalt der Märchenschlösser, dazu beigetragen, daß der Ostallgäuer Königswinkel zum bevorzugten Pilgerziel der Schaulustigen geworden ist.
Die interessieren sich dabei selten für die weniger sensationelle, dabei jedoch ebenso interessante Geschichte des Baus von Neuschwanstein. Die Monarchisten aber, deren es in Bayern bis auf

den Tag noch zahlreiche gibt, rechnen ihrem „Wiggerl" hoch an, daß er hier ein Schloß errichten ließ. Denn, so mutmaßen die treuesten unter ihnen, vermutlich habe der König die Initiative zum Schloßbau überhaupt nicht aus einer romantischen Neigung heraus ergriffen. Ihre These: Weil das Land nach dem nur drei Monate währenden, aber heftigen Krieg von anno 1866 ausgeblutet und wirtschaftlich ausgezehrt war – an Preußen mußte Bayern 30 Millionen Gulden Reparationen leisten – sollte der Bau des Schlosses dem Ostallgäu Arbeit und Brot bringen. Dabei stieß der König auf die Pläne seines Vaters. Schon der hatte davon geträumt, neben Hohenschwangau auch Neuschwanstein wiederaufzubauen.

Und tatsächlich fanden Hunderte von Handwerkern und Bauern auf der Baustelle ein Einkommen, ihre Familien damit ein Auskommen. Ludwigs Pläne also waren, von diesem Standpunkt aus betrachtet, nichts anderes als eine Strukturfördermaßnahme für die Region. Zudem ein Plan mit Langzeitwirkung: Denn bereits während des Baus strömten so viele Neugierige nach Schwangau, daß die Baustelle gesperrt werden mußte.

Heute blüht das Geschäft des Fremdenverkehrs mit all seinen Nebenzweigen rund um die Schlösser. 100 Millionen Mark erwirtschaftet die Region aus dieser Quelle jedes Jahr.

So gesehen, und das beruhigt dann auch jene, die wegen des ständigen Verstoßes gegen Ludwigs Vermächtnis Gewissensbisse haben, hat der profane Umgang mit dem königlichen Erbe auch seine guten Seiten. Mit dem Geld, das die bayerische Finanzverwaltung aus den Eintrittskarten auf den Schlössern einnimmt, können andere, vielleicht noch wertvollere, aber weniger einträgliche Kulturdenkmale im Freistaat erhalten werden.

Das, so hoffen die Königstreuen, wäre sicher auch im Sinne des Märchenkönigs.

Prinzregent Luitpold von Bayern (l.) im Allgäu: Die für ihn angelegten Reit- und Jagdsteige sind heute Wanderwege.

Prince Luitpold, left, Bavaria's Prince-Regent, in the Allgäu. The equestrian and hunting tracks that were laid out for him are now public footpaths.

Hoch über der wilden Pöllatschlucht und mit einem weiten Ausblick über das Ostallgäu liegt das Schloß des bayerischen „Märchenkönigs“ Ludwig II.: Neuschwanstein. Ersonnen aus romantischer Schwärmerei für alte Ritterburgen, erbaut nach Entwürfen eines Theatermalers, zieht das an kunsthandwerklichen Details reiche Schloß heute jährlich Millionen Besucher an.

Neuschwanstein, the castle built by Bavaria's "fairy-tale" King Ludwig II, towers over the wild Pöllat ravine with a wide-ranging view of the eastern Allgäu. Dreamt up in a mood of romantic enthusiasm about chivalry and castles of old and designed by a theatrical set-painter, the castle, rich in craftsmanship, attracts millions of visitors a year.

Blick auf die Säulenarkaden im Sängersaal auf Schloß Neuschwanstein: Hinter den drei Bogen geben Kulissenbilder die Sicht auf eine Waldlandschaft, den Zaubergarten Klingsors, frei. Eine Hommage an Richard Wagner: Zahlreiche der Wandbilder stellen Szenen aus den Opern „Lohengrin" und „Parsifal" dar.

A view of the pillared arcades in the Sängersaal at Neuschwanstein Castle. Behind the three arches, backdrops guide the eye to a wooded landscape, Klingsor's magic garden. As a further gesture of homage to the composer Richard Wagner, many of the wall paintings are scenes from the operas "Lohengrin" or "Parsifal".

Zu den Höhepunkten jedes Rundgangs durch Schloß Neuschwanstein zählt der Blick in den Thronsaal, hier ein Ausschnitt des oberen Rundgangs. Die Dekorationen dieses Saales und des Sängersaales mit ihren zahllosen Gemälden gelten als „steingewordener Wagnertraum". König Ludwig II. hatte das Schloß als eine einzige Kulisse für die Opern des von ihm verehrten Komponisten Richard Wagner geschaffen.

A view of the Throne Room is one of the highlights of a tour of Neuschwanstein. This is part of the Upper Gallery. The decorations of this room and the Sängersaal with their countless paintings are rated a "Wagner dream turned into stone." Ludwig II had the castle built as a backdrop for the operas of Wagner, the composer he held in such high esteem.

Schloß Hohenschwangau: Einst trafen sich hier Minnesänger. Konradin, der letzte Staufer-Kaiser, zog von hier nach Italien und in den Tod. In seiner heutigen Form wurde das Gebäude zwischen 1833 und 1837 auf Ruinen wiederaufgebaut. Der Sommersitz des bayerischen Kronprinzen Maximilian liegt in Sichtweite zu Schloß Neuschwanstein über dem Schwansee bei Schwangau.

Minnesingers once met at Hohenschwangau Castle. Konradin, the last Holy Roman Emperor of the Staufen dynasty, left here for Italy and his death. The castle was rebuilt as it is now on the previous ruins between 1833 and 1837 as the summer residence of Crown Prince Maximilian. Neuschwanstein can be seen across the Schwansee near Schwangau.

Nicht nur wegen seiner Königsschlösser ist das Füssener Land berühmt: Die barocke Wallfahrtskirche St. Coloman bei Schwangau gehört zu den Kleinodien des Ostallgäus. Erbaut wurde sie 1673-1678 von Johann Schmuzer. Vor allem ihre Stuckmarmor-Altäre sind sehenswert.

The Füssen area is renowned for more than its royal castles. The Baroque pilgrimage church of St Coloman near Schwangau is one of the eastern Allgäu's jewels. It was built between 1673 and 1678 by Johann Schmuzer. Its stuccoed marble altars are particularly well worth seeing.

Urlaub im Allgäu: Wo die Wirte ihre Gäste „erziehen“

Golfplätze sind im Allgäu ein ganz besonderes Symbol. Dieser Sport verbindet für all jene, die ihn spielen, den Wunsch nach Bewegung und körperlichem Wohlbefinden mit dem Erleben der Landschaft. Es ist also ein nahezu idealer Urlaubssport.

Zudem: Im Allgäu golft man noch in einer dafür besonders geeigneten Gegend. Daher rechnen die Planer des Urlaubsgeschäfts damit, daß Golf, ähnlich wie einst Tennis, stetig mehr Liebhaber findet. Und dem Allgäu immer wieder neue Gäste beschert.

Golf sei ein „Zuwachssport“, bestärkt die Hoteliers im Allgäu auch der aus der Gegend stammende Politiker Josef Othmar Zöller. Entwickele sich Golf zum vorwiegend von den „jungen“ Alten bevorzugten Volkssport, so werde ein Urlaubsort ohne ein oder zwei Golfplätze chancenlos, prognostizierte er in einer Festschrift zum 100jährigen Verbandsjubiläum des bayerischen Fremdenverkehrs.

Vorerst gibt es sechs Golfplätze im Allgäu. Neben dem Sonnenalp-Platz, dem eigens für die Gäste eines Renommier-Hotels bei Ofterschwang angelegten Sportgrund, zum Beispiel noch jene in Oberstdorf, eingekeilt zwischen den Steilhängen der Berge, oder in Lindau, auf den sanften Westallgäu-Hügeln. Golf spielen kann man auch nach der Schrothkur in Oberstaufen, nach dem Kneippen in Bad Wörishofen, gar nach dem Orgelkonzert in Ottobeuren.

Dies sei schon genug, sagen zumindest die Naturschützer im Allgäu. Denn auch für sie sind Golfplätze ein Symbol: ein Mahnmal der Landschaftszerstörung.

Für den Platz in Ofterschwang zum Beispiel sind wertvolle Moorwiesen trockengelegt worden. Die Bauarbeiter holzten Hecken und Büsche ab, planierten Bodenwellen und veränderten Wasserläufe. Blumen wie das Täschelkraut, die Felsenzwiebel oder das gelbe Zwerg-Riedgras pflügten sie unter. Birkhühner, Bekassinen und Brachvögel verloren ihre Nistplätze und Schlupfwinkel.

Der Bau des Sonnenalp-Golfplatzes motivierte auch den heute wohl bekanntesten Allgäuer Naturschützer zum aktiven Widerstand: Karl Partsch, der Biologe aus Ofterschwang, wurde zum lautstarken Anwalt der Tier- und Pflanzenwelt des Allgäus. Den Golfplatz vermochte Partsch nicht zu verhindern. Der Kampf dagegen aber schulte ihn und spornte ihn an. Er avancierte zum Wanderprediger, zog durch ganz Deutschland und warb für die Allgäuer Natur. Funk und Fernsehen tauften ihn den Alpenapostel. Weit über die Grenzen der Region hinaus bekannt als Mann mit Lederhose und wallendem grauen Haarschopf, kämpft er heute als Europa-Abgeordneter gegen die schleichende Zerstörung der Natur in den Alpen.

Heute scheinen, zumindest beim ersten Blick über den Platz, die Wunden von damals vernarbt. In den „Roughs“, die nur einmal im Jahr gemäht werden, blühen wieder seltene Blumen. Die Polster, die sich das Terrain zurückerobert haben, werden von den Gärtnern an anderen Stellen wieder ausgesetzt, damit sie sich noch rascher vermehren.

Die Platzwarte bemühen sich, möglichst naturverträglich zu arbeiten. Weil außer den etwa 200 Spielern pro Tag niemand aufs Gelände darf, fühlten sich auch die Tiere in den Wäldchen sicher, heißt es.

Wo immer es möglich war, wurden beim Modellieren des Geländes ohnehin die vorhandenen Landschaftsformen beibehalten: Aus dem alten Moorfreibad des Hotels wurde zum Beispiel wieder ein kleiner Tümpel. Zudem würden die „Greens“ zehnmal weniger gedüngt als die umliegenden Wiesen der Bauern. Das ist, wie die Golfer betonen, ihr Beitrag zum Schutz des Grundwassers.

Diese 50 Hektar von Menschenhand gestaltete Allgäu-Natur dokumentieren den Kompromiß, den eine vom Fremdenverkehr lebende Region, deren stärkstes Kapital die Landschaft ist, ständig eingehen muß. Sie muß den Zielkonflikt zwischen unberührter Natur und Urlaubsangebot austragen. Die Menschen, die hierher kommen, suchen zwar das Landschaftserlebnis. Alle wollen eine Natur-Attraktion vorfinden. Aber: Natur pur genügt ihnen nicht. Sie pochen auf ein Erlebnis in der Landschaft.

Immerhin: Rund 2,5 Millionen Urlauber strömen pro Jahr ins Allgäu. Gut 16 Millionen Übernachtungen zählt die Statistik. Die Hälfte der Gäste kommt aus den alten Bundesländern, je ein Viertel aus den neuen Ländern und aus dem Ausland.

Solcher Ansturm geht nicht ohne Blessuren für die Landschaft ab. Und auch das Urlaubsempfinden leidet, wenn der Gipfel schon besetzt ist. Wer aus der Stadt kommt und das Gefühl haben muß, hier wieder im dicht besiedelten Raum zu sein, der fühlt sich nicht wohl.

Ein klassischer Zielkonflikt. Die Allgäuer Wirte und Tourismusplaner haben das Problem erkannt. Allerorten reden sie über die neuen Wege, die sie einschlagen wollen, die Suche nach dem, was das Zauberwort der Branche „sanften Tourismus“ nennt. Sie beginnen umzudenken. Und allmählich auch schon anders zu handeln.

Im Kleinen Walsertal zum Beispiel haben die Wirte gemeinsam mit den Gemeinden ein Umwelt-Gütesiegel für die Hotels entwickelt. Nicht schön geschmückte Balkone oder saubere Tischdecken werden da prämiert. Mit dem Zeichen darf werben, wer etwa im Betrieb Energie einspart, Müll vermeidet oder die Gäste zu ökologischem Verhalten animiert.

Ansätze auch in anderen Allgäu-Gemeinden: Fast überall gehört heute die naturkundliche oder botanische Wanderung zum Standardprogramm des Fremdenverkehrs. Radfahren, die schönste Art, diese Landschaft kennenzulernen, wird durch den Ausbau der Wege gefördert.

Waren vor wenigen Jahren noch breitere Straßen und größere Parkplätze der Wunsch vieler Allgäuer Planer, so denken sie heute darüber nach, wie die Autos aus der Gegend verbannt, zumindest ruhiggestellt werden können. Oberstdorf zum Beispiel will als erste Allgäu-Gemeinde die engen Ortsgassen ganz sperren. Damit die Urlauber ungestört flanieren können.

Statt an neue Attraktionen wie Sommerrodelbahnen oder Wellenbäder denken die Verantwortlichen in den Allgäu-Dörfern heute eher an das „ruhige“

Angebot: Wanderwege, Tiergehege, Naturlehrpfade. Unter fachkundiger Anleitung sollen die Gäste die Schönheiten der Landschaft entdecken und schätzen lernen.
Kurse, bei denen der Urlauber das Mähen mit der Sense, das Schnitzen von Dachschindeln, das Melken oder Käsen erlernen kann, sollen das Verständnis für die Arbeit der Menschen im Allgäu fördern.
Die Fremdenverkehrsdirektoren in Isny oder Kißlegg, in Hindelang oder Oberstaufen, in Füssen oder Kaufbeuren sind überzeugt, daß das Stichwort von mehr Klasse statt Masse bei all ihren Kollegen nicht mehr nur ein Schlagwort ist.
Die Wirte beginnen, sich auch als Vorbilder zu sehen. Ihren Nachbarn gegenüber. Und für ihre Gäste. Wenn ein großes Hotel wie die Ofterschwanger Sonnenalp zum Beispiel die Mülltrennung einführt, so daß ein Drittel des Abfalls wiederverwertet werden kann, dann setzt das Zeichen.
Immer mehr Gastronomen des Allgäus werden zudem zu aktiven Helfern der heimischen Bauern. Sie kaufen deren Produkte zu garantierten Preisen und ermöglichen vielen Bergbauern damit das Überleben. Zum Wohl der Landschaft, die nur durch bäuerliche Arbeit erhalten werden kann.
Die Allgäu-Urlauber nehmen derlei Anstrengungen ihrer Gastgeber zunehmend zur Kenntnis. Für immer mehr sogar wird es bei der Wahl ihres Logis wichtig, daß beim Frühstücksbüfett frische Ware möglichst aus der Region aufgetischt ist. Unverpackt und mit geringem Verschleiß an Transportenergie. Zum Wohl der Landschaft, von der auch die Hoteliers letztendlich leben.
Wegen dieser Landschaft kommen die Gäste ja. Das Allgäu ist ein typisches Fleckchen Erde, an dem die modernen Zeitgenossen ihren Zweit- oder Dritturlaub, den Kurztrip übers Wochenende genießen wollen. Ausspannen in schöner Umgebung. Abschalten von der Hektik des Alltags. Vielleicht auch flüchten vor den allgegenwärtigen Umweltproblemen in eine noch heilere Gegend. Die durchschnittliche Feriendauer im Allgäu beträgt nur etwa sechs bis acht Tage. Ein Auftanken zwischendurch.
Aber, und darauf sind die Allgäuer stolz, es kommen zu ihnen viele Stammgäste. Der Erholungswert ist eben höher, wenn man sich von der ersten Urlaubsstunde an gleich zu Hause fühlt. Ob kleine Pension oder Großhotel: Der Urlauber wird in die Familie des Gastgebers eingebunden. Mancher Wirt verschickt auch übers Jahr an seine Gäste Briefe, in denen er sie über Veränderungen in seinem Haus informiert, sie teilhaben läßt an Umbauten, sie einstimmt auf neue Angebote, ihnen neue Mitarbeiter vorstellt und sogar Familiennachrichten mitteilt. So soll der Gast das Gefühl haben, dazuzugehören. Solange der Gast das schöne Gefühl haben darf, daß offenbar gerade er es ist, der besonders herzlich empfangen wird, kommt er eher wieder. So ist es den Wirten recht: Die Stammgäste geben ihnen die Sicherheit, daß der Betrieb trotz vieler Veränderungen über Jahre hinweg auf dem richtigen Weg und von den Gästen akzeptiert ist.
Veränderungen: Vor 30 Jahren galt schon eine Unterkunft als nobles Haus, die den Gästen fließendes Wasser im Zimmer bieten konnte. Heute muß der Gast, wenn er nicht will, noch nicht einmal zum Shopping in den Ort fahren, weil es neben Bädern, Restaurants, Fitneß-, Lese-, Vortragsangeboten in den großen Hotels auch die hauseigene Ladenpassage gibt.
Wechselnde Trends sind der Motor: Nach der Komfortwelle kam die Sportwelle. Skifahren, Reiten oder Tennis wurden zum „Muß" im Urlaub, und die Hotels bauten die entsprechenden Anlagen. Mit einem Gespür für das Neue stellen die Hotelchefs sich auf den kommenden Trend ein: Die Gäste wollen auch im Alter noch mitmachen, legen viel Wert auf Gesundheit und Fitneß. Mit dem Wort „Wellness" (Wohlbefinden im weitesten Sinne) läßt sich wohl am besten umschreiben, was der Urlauber von heute sucht.
Ein Begriff, den die Allgäuer Hotelchefs aus Amerika haben. Ihm gerecht zu werden gehört ebenso zum Erfolgsrezept wie der Golfplatz, der ja auch ein Stück Import-Amerika im Allgäu ist. Ein Tauschgeschäft sozusagen, die Gegenleistung vielleicht für die in Colorado so beliebte Bergromantik, die einige von ihnen ins Alpine-Village nach Vail exportiert haben. Als Betreiber eigener Hotels im Holz- und Schnörkelstil.

Die Allgäuer Hoteliers sind zufrieden mit dem Tausch. Wohl auch, weil das gegenseitige Beobachten anspornt. So gesehen, liegt es für die aktiven unter ihnen geradezu auf der Hand, daß sie ihren Gästen mehr als nur schöne Erinnerungen mit nach Hause geben wollen. Deshalb parkt etwa der Chef der Sonnenalp sein neues Elektromobil, das allererste im Landkreis Oberallgäu übrigens, wie er stolz betont, stets provokant vor der Empfangshalle des Hotels. Das rege seine Gäste, die ja alle große Limousinen fahren, zu Gesprächen an. Und damit will er den Boden bereiten für seine Idee: zwischen Hotel und Golfplatz soll statt der vielen Benzinkutschen ein Elektrobus pendeln. Auf Hotelkosten. Und zum Wohl der Natur.
Solche Kompromisse muß eingehen, wer vom Tourismus in dieser herrlichen Landschaft auch weiterhin leben will, ohne sozusagen scheibchenweise immer mehr von dem Kuchen, der ihn nährt, abzuschneiden. Es ist nicht der schlechteste Versuch, die einander widersprechenden Interessen, die Landschaft hie zu schützen und dort zu nützen, miteinander zu versöhnen.

Im offenen Autobus das Panorama genießen: So reisten Allgäu-Touristen im September 1925 über den Jochpaß bei Hindelang.

Holidaymakers in the Allgäu admiring the view from an open motor-coach in September 1925 as they crossed the Joch Pass near Hindelang.

Schäumend rauscht die Iller an der Allgäu-Metropole Kempten vorbei. Die Stadt, bis ins vergangene Jahrhundert noch in eine katholische und eine evangelische Teilgemeinde gespalten, gilt als die älteste in Deutschland. Im Jahr 15 v. Chr. gründeten die Römer hier Cambodunum. Freigelegte Reste dieser Siedlung sind in einem archäologischen Park zu besichtigen.

The foaming Iller rushes past Kempten, the Allgäu's main town. Reputed to be the oldest town in Germany, until the 19th century it was divided into Catholic and Protestant communities. The Romans founded Cambodunum here in 15 BC. Excavated remains of the Roman settlement can be seen in an archaeological park.

DEIN·WORT
IST·DIE

In der guten Stube von Kaufbeuren: die evangelische Dreifaltigkeitskirche, umgeben von Bürgerhäusern. Zum Stadtbild gehören zudem Reste der Stadtmauer, der Fünfknopfturm und das Geburtshaus Ludwig Ganghofers.

Kaufbeuren at its best: fine old town houses and the Protestant Dreifaltigkeitskirche can still be admired, as can remains of the city walls, the Fünfknopfturm and the house where Bavarian writer Ludwig Ganghofer was born.

Blick auf Memmingen: Im 12. Jahrhundert zum ersten Mal erwähnt, hat sich das historische Stadtbild mit fünf Toren und zahlreichen Patrizier- und Handwerkerhäusern gut erhalten. Bekannt ist Memmingen wegen des „Fischertags": Seit dem 16. Jahrhundert versuchen alljährlich Mitte Juli die jungen Männer aus dem Stadtbach den dicksten Fisch zu fangen - eines der größten bayerischen Traditionsfeste.

View of Memmingen. First mentioned in the 12th century, the historic centre, with its five gates and numerous patricians' and artisans' town houses is still in good condition. Memmingen is well-known for its Fischertag festival. Since the 16th century young men have tried every year in mid-July to catch the biggest fish from the town's stream. It is one of the largest traditional Bavarian festivals.

Westallgäu: Wer kennt schon die Fischer vom Bodensee?

Nicht selten sind jene Dinge, die sich so ganz ohne Planung im richtigen Moment einstellen, von besonders nachhaltiger Wirkung. Meist zeigt sich die wahre Bedeutung solcher Ereignisse allerdings erst mit ein wenig Abstand zum eigentlichen Vorfall.

Genauso verhält es sich mit jenem Paukenschlag, dessen Echo den Fischern am Schwäbischen Meer heute wohl eher melodisch in den Ohren klingt: Der „Fischerkrieg vom Bodensee" nämlich machte den Menschen im westlichen Allgäu und ihren Gästen aus der ganzen Republik bewußt, daß an den Ufern des größten deutschen Binnengewässers ein alter Berufsstand in Vergessenheit zu geraten drohte.

Von „Piraterie" und „Seeschlacht" schrieben die Zeitungen: Österreichische und deutsche Fischer stritten sich um die Fanggründe. Die Wasserschutzpolizei griff ein, rammte dabei das Boot eines Fischers. Der Mann fiel ins Wasser, das Boot versank. Und der Staatsanwalt bemühte den Richter . . .

Wildwest im ruhigen Westen: Solche Töne sind sonst kaum zu hören in diesem Gebiet, wo das Allgäu mit sanften Wald- und Wiesenhügeln die Wellen des Dreiländer-Meers, in das es hier hinabgleitet, nachahmt. Hier kann die Gegend nicht, wie im Oberallgäu, mit Bergspitzen oder, wie im Ostallgäu, mit Schlössern glänzen. Das Westallgäu kokettiert mit seinen Reizen, versteckt, was an Zierde im Verborgenen blüht: etwa den Waldsee bei Lindenberg; der ist immerhin Deutschlands höchstgelegener Moorsee, lädt im Sommer ein zum gesunden Bad, im Winter zum erholsamen Eisvergnügen und allzeit als Ziel eines Spaziergangs. Oder: den „Eistobel" bei Grünenbach; in dieser wilden Schlucht tobt das Wasser der Argen, grandiose Kulisse für ein gewaltiges Schauspiel der Natur.

Hier im Westallgäu muß genau hinschauen, wer die Besonderheiten erkennen will. Im Frühling etwa liegt der Bodensee eingebettet in ein duftendes Meer von Blüten. Die Hänge leuchten weiß und rosa, wenn die Äpfel und Birnen in einem der größten deutschen Obstgärten blühen. Vielleicht am besten erschließt sich im Frühling der Reiz dieser Landschaft bei einem Spaziergang an der „Riviera mit Alpenblick". Wer am Wasser wandert und die schon warme Sonne genießt, kann von hier aus, über den grünen Hügeln und den blühenden Hängen, am Horizont die Schneehauben der Allgäuer Berge leuchten sehen.

Die Jahreszeiten liegen so eng beieinander, daß es den Besucher danach drängt, den Kalender auszutricksen und je nach Lust und Laune hinaufzuwechseln vom Frühjahr in der Ebene zum ausklingenden Winter auf den Gipfeln, oder, später im Jahr, hinabzusteigen vom Herbst auf den Bergen ins letzte Aufblühen des Sommers am Strand des Bodensees.

Fliegende Wechsel auch bei den Launen des Wetters: Dies Schauspiel hält der Bodensee für seine Besucher übers ganze Jahr hin immer wieder bereit. Dann beweist er, daß er kein harmloser Tümpel ist. Wenn der Wind ins Rheintal fällt, wühlt er die Wellen kräftig auf. So macht der See seinem Beinamen „Schwäbisches Meer" mit kräftigen Wogen alle Ehre.

Die Gegend lohnt, entdeckt zu werden. Den See überbrückt der Reisende dabei gemütlich an Bord der weißen Flotte, die alljährlich zum Sommer aufpoliert wird. Vielleicht sogar auf dem Raddampfer „Hohentwiel", der, frisch renoviert, wieder kreuzt. Oder im Sattel des Fahrrads auf den Wegen, die am Ufer entlang meist abseits der Fahrstraßen führen.

Oder bei einem Besuch der Hügelwelt des Westallgäus: in Lindenberg, dem Strohhut-Dorf, das vor 100 Jahren den stolzen Titel Klein-Paris trug, weil die Menschen hier mit ihrer Kunst, Kopfschmuck zu flechten und zu nähen, das Zentrum der europäischen Hutmode aufgebaut hatten. In Isny, dessen enge Gäßlein den Anschein erwecken, als hätten ehedem die reichen Bürger dieser Reichsstadt alle Pracht, die sie sich dank ihres Handels mit Flachs und Leinwand leisten konnten und wollten, auf kleinstem Raum zusammengedrängt; gleichwohl sind die Fassaden der Patrizierhäuser bis heute ein Spiegel vergangener Größe und Weltoffenheit. Oder auf dem Schwarzen Grat bei Isny, dem mit 1118 Metern höchsten Berg Württembergs, von dem aus der Blick unbehindert von den Allgäuer Bergen bis hinunter zum Bodensee reicht. In Kißlegg, dessen Lage inmitten der typisch Allgäuer Jungmoränenlandschaft den Besucher ins Arrisrieder Moos einlädt und das den, der in Stein gehauene Ästhetik bevorzugt, gleich mit zwei Schlössern samt darin untergebrachten Museen empfängt. In Leutkirch, dessen ebenfalls vom Tuchhandel reich gewordene Bürger nicht nur prächtige Bauten schufen, sondern diese auch vor der Zerstörung in den Glaubenskriegen bewahren konnten, weil sie den besiegten Katholiken nach 1546 deren Rechte und eine eigene Kirche vertraglich zusicherten.

Bei Weiler-Simmerberg überschreitet, wer aus den Bergen wieder westwärts wandert, die unsichtbare Kuhglockengrenze. Jenseits dringt allenfalls das sonore Brummkonzert der Bienen auf Blütensuche ins Ohr. Denn hier nutzen die Bauern das vom Bodensee geprägte milde Klima in der Senke zwischen den Schweizer Bergen im Westen, dem Pfänder im Süden und den Allgäuer Bergen im Osten. Statt durch satte Weiden führt der Weg kilometerweit durch Obstplantagen. Weiter nördlich, wo die Grenzen ins Oberschwäbische so fließend sind wie jene, die den württembergischen Allgäusprengel vom bayerischen „trennen", ragen die Stangen der Hopfenfelder in den Himmel. Nahe am See, bei Nonnenhorn, gar kommt der Reisende durch traditionsreiche Weinlagen.

Hier bestimmt, vielleicht mehr noch als in den anderen Ecken des Allgäus, beschauliches Bummeln den Takt des Tages. In den Guck- und Flanierstädtchen oder auf der Promenade der Bodensee-Städte Nonnenhorn, Wasserburg und Lindau, wo hinter historischem Gemäuer ein der Ferienlaune des Gastes angepaßtes Sortiment feilgeboten wird. Die zahllosen Galerien, Goldschmieden und Geschenk-Boutiquen wirken in diesem äußersten Winkel Bayerns wie der Versuch, die mondänen Citylagen an Rhein oder Alster an die Uferpromenaden und Marktplätze zu importieren: Dorthin, wo Kopfsteinpflaster und enge Gassen, Kirchen und mit Ornamenten reich verzierte Bürgerhäuser einladen zum bloßen Bestaunen der Pracht oder zum Studium der einst wechselvollen Geschichte dieser Kommunen und ihrer Bürger. Diese Städt-

chen, deren historische Pracht den Besuch fürwahr lohnen, sind vielleicht gar so schön, daß es nicht unbedingt vergnüglich ist, dort zu leben. Zu rasch wird der Mensch an solchen Orten zur lebenden Schaufensterpuppe, zum bestaunten Komparsen eines Historienfilms.
Kein Wunder: Die Altstadt von Wangen, der größten württembergischen Allgäu-Stadt, gilt als die am besten erhaltene ehemalige Reichsstadt. Der noch vorhandene Mauerring mit seinen drei Toren umschließt zahlreiche Gebäude, die, wie das Rathaus, durch immer neue Änderungen die Baustile der Jahrhunderte konservierten. Auch die historischen Häuser auf der Lindauer Bodensee-Insel, über die, 33 Meter hoch und aus Marmor, an der Hafeneinfahrt der bayerische Löwe wacht, stehen wie die Altstadt von Wangen als Ensemble unter Denkmalschutz. Das Rathaus in Lindau, in dem Kaiser Maximilian anno 1496 seine Getreuen zum Reichstag versammelte, ist eines der schönsten in ganz Deutschland.
Das Allgäu hier im Westen ist ein Land der Gegensätze: Wasser und Land, Berge und Hügel, Städte und Landschaft. Bei allem Kontrast zur dennoch ruhigen, ausgleichenden Grundstimmung: Die lauten Töne der Fischer vom Bodensee hatten wohl Sinn. Denn plötzlich sind sie, die angesichts all der anderen Sehenswürdigkeiten fast vergessen schienen, wieder in aller Munde. Die Menschen erinnern sich daran, daß die ersten Häuser Lindaus im 9. Jahrhundert Fischerhütten waren, die sich um ein Kloster gruppierten.
Es ist hier eben wie überall: Man sieht in den Häfen viel lieber die Sportjachten ankern, als daß man den eigenen Fischern Platz für Schuppen und Netze bietet. Deshalb nimmt die Petrijünger auch kaum einer der vielen Urlauber wahr, obwohl sie soviel mehr sind als das durch Heimatfilme und Lieder romantisch verkitschte Überbleibsel einer verklärten Geschichte. Wer das westliche Allgäu nicht als Augenschmaus erlebt, der nämlich genießt es vor allem als Gaumenfreude. Mit Wein und mit Obst. Vor allem aber fragt, wer hier speist, nach den Felchen.
Gut 170 Fischer sind es rund um den See, die diesen Leckerbissen aus der Familie der Salmoniden und somit sozusagen den Vetter der Forellen in die Küchen der Hotels und Restaurants liefern. Keine 20 Fischerei-Betriebe sind es noch an den bayerischen Ufern, die das Allgäu nach Westen hin begrenzen. Und es sollen bald noch weniger werden.
Selbstbeschränkung heißt die goldene Regel. Als Anfang des Jahrhunderts an die 400 Fischer ihre Netze im Bodensee auslegten, da war der Grund bald leergefegt. Heute regeln internationale Absprachen der Behörden in Österreich, der Schweiz und Deutschland die Fangquoten. Jeder Fischer darf nur eine bestimmte Anzahl Netze auslegen.
Zudem sorgt der jährliche Besatz des Sees durch die Staatliche Brutanstalt in Nonnenhorn dafür, daß sich stets genug Felchen im Wasser tummeln. Denn wenn von April bis Mitte Oktober der Hauptstrom der Touristen an den Bodensee kommt, dann sollen die Pfannen gefüllt werden können. Im Bodensee bestimmen nicht biologische Kreisläufe der Fischzucht die Saison. Die Fangzeiten sind, zumindest auch, ein Zugeständnis an die Urlauber.
Wenn die Felchen Schonzeit haben, verheddern sich Barsche und Aale in den Netzen. Im Bodensee gibt es heute wieder 35 bis 40 Arten. Ein erfreuliches Zeichen, deutet es doch darauf hin, daß das Wasser des Sees wieder sauberer geworden ist.
Bei Wind und Wetter stechen die Fischer aus Lindau mit ihren kleinen Booten in See. Um vier Uhr früh beginnt der Tag für sie, um sechs sind sie oft schon das erste Mal wieder zu Hause, schuppen und filetieren den Fang, ehe die Ware verpackt und an die Kunden in den Hotels der Gegend geschickt wird. Spät am Abend werden dann die Netze für die nächste Nacht ausgelegt.
Ein wenig finden die Fischer es schade, daß Zigtausende von Menschen, die eigens an den Bodensee kommen, vom vielbesungenen Fischerleben so gar nichts mitbekommen. Vielleicht würden, so hoffen sie, die Bewohner der Region diesen alten Berufsstand wieder stärker anerkennen, wenn auch die Gäste ihn kennen- und damit schätzen lernten.
Den Fischern vom Bodensee jedenfalls wäre zu gönnen, daß das öffentliche Interesse, das der „Fischerkrieg“ ausgelöst hat, sich nicht in bloßer Sensationslust erschöpft. Denn der Bodensee ist eben doch ein wenig mehr als bunte Wimpel, Spielcasino, Raddampfer und Promenaden unter Palmen. Auch die Fischer haben im Mosaik des Westallgäus ihren Platz. Und sie sind mehr als der exotische Farbklecks im bunten Bild dieser Urlaubslandschaft.

Für den Verkehr war Wangen schon 1926 zu eng. Dafür gilt die Altstadt heute als eines der am besten erhaltenen Ensembles.

Even in 1925 Wangen's streets were too narrow for traffic; the Altstadt today is one of the best-preserved of its kind.

Ein Fischer auf dem Schwäbischen Meer: Aus dem Wasser des Bodensees holen die letzten verbliebenen Berufsfischer kulinarische Köstlichkeiten. Auf den Speisekarten der Restaurants dürfen die berühmten Felchen nicht fehlen.

A fisherman on the "Swabian Sea." The last working fishermen catch culinary specialities in the waters of Lake Constance. The renowned whitefish (Felchen) is not to be missed on restaurant menus.

Die komplette Altstadt von Lindau liegt auf einer Insel im Bodensee. Verwinkelt und in der ganzen historischen Pracht erhalten, lädt die Stadt den Gast zum gemächlichen Bummeln übers Kopfsteinpflaster ein. Vom Hafen aus starten die Schiffe der weißen Flotte zur Kreuzfahrt über den Bodensee, vorbei am 33 Meter hohen bayerischen Löwen, der neben dem Leuchtturm die Einfahrt bewacht.

The entire Altstadt of Lindau is on an island in Lake Constance. With its twisting alleyways and its full, historic splendour, Lindau invites the visitor to walk round the town centre's cobbled streets. The white steamers sail out of the harbour on lake cruises, first passing the Bavarian lion, 33 metres (110 ft) tall, who stands guard over the harbour entrance by the lighthouse.

RATHAUS

Das noch sehr gut erhaltene Rathaus des schwäbischen Allgäu-Städtchens Wangen zählt zu den schönsten in ganz Deutschland. Es ist Primus inter pares in einem prächtigen mittelalterlichen Stadtbild, das als Gesamtensemble, von einem Mauerring umfaßt, erhalten ist.

The well-preserved Rathaus of the Swabian Allgäu town of Wangen is one of Germany's finest. It is first among equals in a magnificent mediaeval Altstadt that is still surrounded by the old city walls.

Allgäuer Brauchtum: Mehr als Volksbelustigung

Die so variationsreiche Schönheit der Allgäuer Natur mit ihren Wiesen und Wäldern, ihren Hügeln und Bergen, ihren Eistobeln, Schluchten und Wasserfällen – wen sie als ästhetischer Genuß nicht sättigt, der kann sich in dieser geschichtsträchtigen Ecke Deutschlands an einer ebenso vielfältigen Pracht, die von Menschenhand geschaffen ist, begeistern. Sei's der schmucke Landgasthof in Großholzleute, in dem einst Marie Antoinette genächtigt hat, oder die barocke Kunst des Klosters in Ottobeuren, sei's das Rathaus auf der Lindauer Insel, seien es die über dem Füssener Land schwebenden Schlösser der Wittelsbacher Bayernkönige oder selbst der kühne Turm der Oberstdorfer Skiflugschanze. Je nach Geschmack und Vorlieben.

Die kulturhistorisch bedeutsamen Bau- und Kunstwerke sind beredte Zeugen eines einstmals reichen Bürgerstands im Allgäu. Über die Salzstraßen und Handelswege, die von Tirol kommend über den Fernpaß ins Allgäu führten oder über den Jochpaß von Osten nach Westen Bayern mit dem Bodensee, der Schweiz und Oberschwaben verbanden, zogen Karawanen mit wertvoller Fracht, diese traditionsreichen Verkehrsadern schufen die Grundlage für Wohlstand in den vom Salz-, Tuch- oder Pferdehandel lebenden Allgäu-Gemeinden.

Das dabei verdiente Geld nutzten die Bürger der reichsfreien Allgäu-Städtchen, um ihre Macht auch symbolisch zu untermalen: Sie bauten Kirchen. Aufstrebende, stolze Bauten zuerst. Nur wenige gotische Gotteshäuser jedoch sind nach dem kurzen, aber heftigen Aufbrausen des Bauernaufstands und den Elendsjahren des Dreißigjährigen Kriegs erhalten geblieben. Zu den bedeutendsten zählt die St.-Martins-Kirche in Memmingen.

Nach den Kriegs- und Pestjahren erholte sich das Leben im Allgäu rasch, und dieser neue Aufbruch fiel zusammen mit einem neuen ästhetischen Empfinden der Menschen: Die Barockzeit prägt als vorherrschender Baustil die Bürgerhäuser und Sakralbauten im Allgäu. Die reichen Bürger ließen Bilder malen, Engel und Altäre schnitzen. Sie förderten die im Allgäu beheimateten Holzschnitzer und bildenden Künstler. Hans Mutschler, Jakob Schick und Jörg Lederer stehen beispielhaft für ganze Dynastien berühmter Kunsthandwerker der Region.

Im Gegensatz zum benachbarten Oberbayern oder zum nördlich angrenzenden Gebiet Oberschwabens ist das Allgäu freilich kein Zentrum der barocken Prachtbauten. Hier schmücken dafür viele kleine Kunstwerke die oft verstreut und abseits liegenden Kirchlein. Jedoch: Das Allgäu beherbergt die Abtei Ottobeuren. Und damit wohl den glanzvollen Höhepunkt jeder Kunstreise durch die südlichen Landstriche Deutschlands. Der „schwäbische Escorial" gilt als eine der vollendetsten Klosteranlagen überhaupt. So beeindruckend sind sowohl Architektur wie Ausschmückung des Klosters, daß es mit seinem Ruhm die anderen Kleinode des Allgäus zu erdrücken droht: die Reichskartause im Unterallgäuer Ort Buxheim zum Beispiel oder die schmucken Residenzen in Kempten und Füssen.

Bei all dieser Pracht: Wirklich verstehen lernt der Besucher das Allgäu und seine Bewohner wohl nur, wenn er sein Augenmerk nicht nur diesen steinernen Zeugen, sondern vor allem den zahllosen Sitten und Bräuchen der Menschen widmet, die im wahrsten Sinn des Wortes ein lebendiges Zeugnis der Ahnen ablegen. Das sieht auch der Allgäuer Heimatpfleger Kornelius Riedmiller so, wenn er sagt, daß zum besonderen Kulturgut, das von Generation zu Generation weitergegeben wird, das Brauchtum zählt.

Das touristische Normalprogramm bietet davon allerdings nur allzuoft ein bloßes Spektakel, das ins Postkartenbild paßt, und zeugt nicht von einem ehrlichen Bemühen, Kultur und Geschichte eines Landstrichs zu verstehen.

Auch im Allgäu. Und vielleicht haben die Menschen ja recht, wenn sie mit ihrem Wissen um Zeit und Ort ihrer Treffen, seien es Wallfahrten oder Feste, bei aller Gastfreundschaft einem Fremden gegenüber mit Auskünften sparsam sind. Nicht umsonst gilt der Fremdenverkehr auch als Feind der überlieferten Sitten, jener auch im Allgäu noch zahlreich vorhandenen Reservate. Das Geschäft mit der Heimat bedroht daher nicht nur gewachsene Landschaft. Es sei oft auch der „Totengräber von Sitte und Brauchtum", befürchten manche Heimatpfleger.

So darf sich glücklich schätzen, wer einen Allgäuer seinen Freund nennen kann. Der nimmt ihn vielleicht einmal mit auf den Auerberg: zum Georgi-Ritt. Auch hier beherrscht beim ersten Dabeisein die Kulisse das Erleben. Zu Tausenden hocken die Menschen auf den Wiesen, wenn in einer Senke zwischen der Kapelle und den unter Erdwällen vermuteten römischen Schanzanlagen der Pfarrer aus Bernbeuren Rössern und Reitern den Segen spendet. Das wahre Geheimnis, das dies alles jenseits des Sichtbaren zum spürbaren Erlebnis macht, erschließt sich dem fremden Beobachter wohl erst beim zweiten, gar dritten Besuch. Es verlangt ihm ab, sich allmählich einzuleben in die Welt der Menschen hier. Aber dann wird klar: Hierher pilgern die Reiter und Wallfahrer nicht, weil sie zuschauen wollen. Auch nicht, weil ihnen das bloße Dabeisein alles wäre. Eine intime Frömmigkeit ist da zu spüren.

Es wird deutlich, wie vernünftig es ist, diese Bräuche vor den Augen derer zu schützen, die bloße Neugier anlockt. Das Blitzlicht eines Gastes genüge, die religiöse Intimität einer Wallfahrt so zu stören, daß der Bestand dieser Gepflogenheit ernsthaft gefährdet sei, meint der Heimatpfleger. Der Tourist in seiner

Am Fischertag stürzen die Memminger sich ins Wasser. Der Brauch aus dem Mittelalter diente früher vermutlich der Stadtbach-Reinigung.

On Fisher's Day the people of Memmingen take to the water, a mediaeval tradition that in bygone days presumably served the purpose of cleaning up the town's brook.

Neugier und mit dem Willen, eine Erinnerung mit nach Hause zu nehmen, verschwendet darauf meist keinen Gedanken.
Kontrast-Programm: Wie das Frühjahr mit den Georgi-Ritten, beginnt der Herbst mit den Viehscheiden. Gut 35 000 Kühe und Rinder werden nach der 100tägigen Sommerweide auf den Alpwiesen von den Hirten zu den Sammelplätzen in den Tälern getrieben. Dort warten die Bauern auf ihr Vieh.
Und, zumindest in den Traditionsorten, auch Zehntausende Schaulustige im Bierzelt. Recht typisch: Zum bloßen Rummel nämlich sind viele Viehscheide leider verkommen.
Zwischen diesen Polen muß die Brauchtumspflege, wie in allen touristisch intensiv genutzten Gegenden, auch im Allgäu jonglieren. Über den Fremdenverkehr könne zwar, glauben die amtlich bestellten Heimatexperten der Region, althergebrachtes Brauchtum in seiner äußeren Form gepflegt und so erhalten werden, wie dies ohne äußeren Einfluß über so lange Zeit kaum möglich wäre. Andererseits würden die Inhalte der alten Bräuche dabei oft auch verändert. Und so bleibt nur die ernüchternde Bilanz: Ein Brauch mit einem anderen Inhalt sei ein anderer Brauch.
Das darf auch nicht vergessen, wer die stolze Aufzählung der Allgäuer Fremdenverkehrsdirektoren hört, wonach bei den Menschen hier die Musik stets den guten Ton angebe. Beeindruckend ist das schon: 80 Instrumentalgruppen, 55 Sing- und Jodelensembles und 520 Blaskapellen spielen im Gebiet von Allgäu/Bayerisch Schwaben auf. Über 21 000 aktive (Laien-)Musiker zählt man hier.
Nicht nur bei Musik und Tanz, auch sonst bietet das Allgäu zahllose Möglichkeiten, selbst die Probe aufs Exempel zu machen, das von Heimatpflegern definierte Dreiecksverhältnis zwischen Brauch, Mißbrauch und Unbrauch zu studieren. Zum Beispiel beim Memminger Fischertag: Wenn an die 800 Mannsleut' frühmorgens in den Stadtbach hüpfen und mit Gabelnetzen versuchen, den größten Fisch zu ergattern. Das Fest, bei dem der Fischerkönig gekürt wird, der dann ein Jahr lang fast eine Amtsperson in Memmingen sein darf, hat seinen Ursprung vermutlich im Bemühen, den künstlich angelegten Stadtbach einmal im Jahr gründlich zu reinigen. Was mit den Wühlen der Fischernetze im Schlamm auch geschieht.
Oder beim Frundsbergfest in Mindelheim: Es ist eines der größten Historienfeste Bayerns und ehrt den Landsknechtführer Georg von Frundsberg (1473–1528), geboren und verstorben auf der Burg über der Stadt und im Dienst der Kaiser mit seinen Söldnerhaufen unterwegs.
Oder nehmen wir das Tänzelfest in Kaufbeuren: Das älteste bayerische Kinderfest, bei dem die Buben mit der Armbrust schießen und die Geschichte der Stadt in „lebenden Bildern“ des Festzugs erzählt wird, findet sozusagen auf Befehl des Kaisers statt. Es soll einst Kaiser Maximilian bei seinem Besuch in der Stadt so begeistert haben, daß er seine jährliche Wiederholung anordnete.
Kirchliche Festtage halten die Allgäuer noch überall in Ehren: Die Fronleichnamsumzüge wie etwa in Füssen, oder das Heilig-Blut-Fest an Christi Himmelfahrt, das in Bad Wurzach begangen wird.
Weit mehr noch nach dem Geschmack des Zuschauers sind die heidnischen Bräuche, mit denen vor allem die Allgäuer Jugend in jüngster Zeit vermehrt wieder an die Tradition der Ahnen anknüpft. Je nach Tal und Ort variieren die Sitten. Die Idee, etwa die hier oft strengen Winter mit einem Freudenfest zu vertreiben, ist aber überall dieselbe: wenn die Funkenfeuer brennen oder die Scheiben fliegen. Ebenfalls in heidnische Zeiten zurückversetzt fühlt man sich, wenn Anfang Dezember in den Dörfern des oberen Illertales zum „Klausentreiben“ gerufen wird oder wenn, ungewöhnlicher noch, in Oberstdorf die „wilden Männle“ ihren Kulttanz der Fruchtbarkeit tanzen.
Bei alledem: Überall im Allgäu ist, wie andernorts ähnlich, eine starke Rückbesinnung auf das Ursprüngliche dieses Landstrichs zu erkennen. Der Heimatbegriff hat auch hier, wie Hans Bröll im „Allgäuer Heimatkalender“ schrieb, einen neuen Wert erhalten: Die Gleichmacherei scheint die Sehnsucht nach erlebbarer Heimat, nach kulturellen Besonderheiten und nach unverwechselbaren Eigentümlichkeiten zu fördern.
Die Allgäuer haben es bei dieser Suche nach dem Besonderen und Typischen aber nicht einfach. Das Gebiet hatte nie fest umrissene Grenzen, keine politische Einheit band die hier lebenden Menschen je aneinander. Was könnte dies deutlicher unterstreichen als die Tatsache, daß mitten ins bayerische rund um Wangen ein Zipfel württembergisches Allgäu hineinreicht und daß die österreichischen Enklaven Jungholz (Tirol) und Kleines Walsertal (Vorarlberg) zum Allgäu gezählt werden.
Auch der Name Allgäu deutet nicht auf die Bezeichnung eines Gaus, wie fälschlicherweise oft vermutet. „Albegowe“ ist vielmehr eine Landschaftsbeschreibung: Das Wort ist eine Zusammenfügung der Begriffe Alpen, also Bergweiden, und Auen, also feuchte Wiesen an Seen, dürfte demnach eine Beschreibung des Landschaftsbildes zwischen Lech und Bodensee als Ursprung haben – „Bergweide in wasserreicher Landschaft“, hat es ein Heimatpfleger übersetzt.
Die schwierige Suche nach Identität drückt sich im Allgäu vor allem in der Abgrenzung gegenüber den Bayern aus, deren politische Oberherrschaft über einen Großteil der Region erst durch Napoleon Anfang des 19. Jahrhunderts hergestellt worden ist. Und, obwohl sie eindeutig ein Volksstamm schwäbischen Ursprungs sind, auch gegen die Schwaben ziehen die Allgäuer einen klaren Trennstrich. Vordergründig erschöpft sich dieses Bemühen darin, jeden mit Verachtung zu strafen, der zu den Sommerweiden des Viehs den oberbayerischen Terminus „Alm“ statt „Alpe“ benutzt. Auch in der Ablehnung des bayerischen Knödels auf den Speisekarten: Allgäuer servieren Käsespätzle.
Der Pflege der Mundart aber und dem Versuch, nicht alles zuzulassen, was in anderen bayerischen Gegenden als publikumswirksames Brauchtum Anklang findet, gilt das aktive Bemühen der etwa 30 Heimat- und Brauchtumsvereine der Region. Seit über 100 Jahren schon.
Die Älpler aus Immenstadt jedenfalls haben auf ihre Art Konsequenzen gezogen: Weil die alljährliche Prämiierung des schönsten Bartes nach dem Alp-Abtrieb zur reinen Belustigung des Gastvolks geriet, bei der sich die Hirten und Sennen wie exotische Zootiere vorgekommen sein müssen, haben sie die Gaudi einfach abgesagt.
Ein Brauch, dessen Inhalt sich zu sehr verändert, ist eben kein Brauch mehr.

Im September, wenn die Hirten nach hunderttägigem Sommer auf der Alpe das Vieh wieder ins Tal treiben, ist Festtag im Allgäu. Die Rinder tragen Kränze. Am Viehscheidplatz werden die Tiere von ihren Besitzern in Empfang genommen und in den heimatlichen Stall gebracht. Für die Hirten endet damit die Saisonarbeit auf den oft einsamen Berghütten.

In September, when the herdsmen drive cattle back down into the valleys after their 100 days in lush Alpine pasture, the Allgäu celebrates the annual event. The animals are garlanded with flowers and taken back by their owners to winter quarters, ending the herdsmen's seasonal work, which is often spent in the isolation of remote mountain huts.

Rund um Wangen, Isny, Kißlegg und Lindau hat der schwäbisch-alemannische Fasching seine Hochburg im Westallgäu. Wie diese Waldseer Hexen tragen viele der Zunftmitglieder bei ihren Umzügen sehr wertvolle, meist handgeschnitzte Masken.

In September, when the herdsmen drive cattle back down into the valleys after their 100 days in lush Alpine pasture, the Allgäu celebrates the annual event. The animals are garlanded with flowers and taken back by their owners to winter quarters, ending the herdsmen's seasonal work, which is often spent in the isolation of remote mountain huts.

Historien-Spektakel mit Tradition: Das Tänzelfest in Kaufbeuren, das älteste Kinderfest in Bayern, ehrt alljährlich den Einzug von Kaiser Maximilian anno 1479 in die Stadt. Jeweils in der Woche vor den Sommerferien findet der Umzug statt.

The Tänzelfest in Kaufbeuren is a historic spectacle with a longstanding tradition. It is the oldest children's festival in Bavaria, held to commemorate the visit to the city by Emperor Maximilian in 1479. The procession is held annually in the week before the summer holidays.

Kleines Allgäu-Lexikon

Adressen

Allgemein: Fremdenverkehrsverband Allgäu/Bayerisch Schwaben, Fuggerstraße 9/VIII, 8900 Augsburg 1, Tel. 0821/33335
Gebietsgemeinschaft Allgäu-Oberschwaben-Bodensee, Gästeamt im Rathaus, 7988 Wangen, Tel. 07522/74211
Urlaub auf dem Bauernhof: Bayerischer Bauernverband, Max-Josef-Platz 9, 8000 München 2
Wandern: Arbeitsgemeinschaft Fernwanderwege im Voralpenland, Von-Kühlmann-Straße 15, 8910 Landsberg a. L.
Bergsteigen: Deutscher Alpenverein, Praterinsel 5, 8000 München 2; Bergwacht-Geschäftsstelle Allgäu, Königstraße 20, 8960 Kempten; Alpine Beratungsstellen in Hindelang (Tel. 08324/89220), Kleinwalsertal (Tel. 08329/6619) und Oberstdorf (Tel. 08322/700200)
Museumsauskünfte: Fachbereich Heimatpflege, Bezirk Schwaben, Hafnerberg 10, 8900 Augsburg

Bergbahnen

Viele Aussichtsberge im Allgäu können bequem mit Sesselliften oder Gondeln erreicht werden; die wichtigsten sind:
Hörnerbahnen bei Bolsterlang
Buchenberglift bei Buching
Iselerlift bei Hindelang
Heubergbahn bei Hirschegg
Mittagbahn bei Immenstadt
Walmendingerhorn-Bahn bei Mittelberg
Alpspitzlifte bei Nesselwang
Hochgratbahn bei Oberstaufen
Imbergbahn bei Oberstaufen
Fellhornbahn bei Oberstdorf
Nebelhornbahn bei Oberstdorf
Breitenbergbahn bei Pfronten
Kanzelwandbahn bei Riezlern
Tegelbergbahn bei Schwangau

Berge

Man muß nicht auf die höchsten Gipfel klettern, um die schöne Aussicht aufs Allgäu zu genießen. Gut erreichbar sind auch ohne Bahnen folgende Aussichtsberge:
Riedbergerhorn (1786 m) bei Balderschwang
Grünten (1738 m) bei Burgberg
Jägersberg (950 m) bei Fischen
Kalvarienberg (953 m) bei Füssen
Bärenköpfle (1463 m) im Gunzesrieder Tal
Stuiben (1749 m) bei Immenstadt
Schwarzer Grat (1118 m) bei Isny
Sorgschrofen (1640 m) bei Jungholz
Nadenberg (823 m) bei Lindenberg
Besler (1680 m) bei Obermaiselstein
Ofterschwanger Horn (1406 m) bei Ofterschwang
Blasenberg (850 m) bei Scheidegg
Säuling (2047 m) bei Schwangau
Auerberg (1055 m) bei Stötten
Sonneck (1242 m) bei Weitnau
Wertacher Hörnle (1695 m) bei Wertach

Berghütten (Auswahl)

Edmund-Probst-Haus (1229 m); Aufstieg: 3 Std. von Oberstdorf, oder mit der Nebelhornbahn
Fiderepaß-Hütte (2065 m); Aufstieg: 3 Std. von Mittelberg, oder Kanzelwandbahn
Hörnerhaus (1362 m); Aufstieg: 1 Std. von Bolsterlang, oder Hörnerbahn
Kemptener Hütte (1846 m); Aufstieg: 3 Std. von Hinterhornbach
Landsberger Hütte (1810 m); Aufstieg: 1,5 Std. vom Vilsalpsee
Mindelheimer Hütte (2058 m); Aufstieg: 3 Std. von Mittelberg
Prinz-Luitpold-Haus (1847 m); Aufstieg: 3,5 Std. vom Giebelhaus im Hintersteiner Tal
Rappenseehütte (2092 m); Aufstieg: 3,5 Std. von Einödsbach
Staufnerhaus (1600 m); Aufstieg: 2 Std. von der Lanzenbachsäge, oder Hochgratbahn
Waltenberger Haus (2084 m); Aufstieg: 3 Std. von Einödsbach

Gemeinden und Städte im Allgäu (Auswahl)

Altstädten: gehört zur Stadt Sonthofen; die barocke Pfarrkirche Peter und Paul mit Stuckarbeiten und Deckengemälden besitzt geschnitzte Skulpturen von Jörg Lederer.
Altusried: besteht aus nahezu 170 Weilern und Ortsteilen; mit rund 14000 Rindern ist der Ort die viehreichste Gemeinde Deutschlands; seit 1879 finden alle fünf Jahre Freilichtspiele auf der größten Naturtheaterbühne Süddeutschlands statt; sehenswert: Pfarrkirche St. Blasius und Alexander (15. Jh.), Ruine Kalden und die historische Knochenstampfmühle.
Bad Wörishofen: avancierte seit etwa 1855 durch Pfarrer Kneipp zum bekannten Kurort; sehenswert: historisches Badehäuschen und Altes Badehaus sowie Dominikanerinnenkloster mit barocker Marienkirche (Stuck von Dominikus Zimmermann).
Bad Wurzach: ehemalige Residenz der Grafen Waldburg-Zeil-Wurzach mit dreiflügeliger Schloßanlage.
Buchloe: Verkehrsknoten „am Anfang des Allgäus"; sehenswert: spätgotische katholische Stadtkirche Mariä Himmelfahrt, später barockisiert.
Burgberg: ist ein alter Knappen-Ort; an der Starzlach standen Schmelzöfen für das Hüttenwerk in Sonthofen.
Buxheim: an der Iller gelegen, beherbergt das Kartäusermuseum; sehenswert: ehemaliges Augustiner Chorherrenstift (13. Jh.), zum Kartäuserkloster umgewandelt, besitzt wertvolle Stuckarbeiten der Gebrüder Zimmermann sowie überlebensgroße Muttergottes aus Ton (um 1430).
Fischen i. Allg.: eine der ältesten Siedlungen im Allgäu; zu besichtigen: über 400 Jahre alte Obermühle; sehenswert: Pfarrkirche St. Verena und Liebfrauenkapelle (16. Jh.), in Kreuzform gebaut, mit hohem Kuppelturm.
Füssen: 400 n. Chr. stand hier das Römerkastell Foetibus, 725 gründete St. Magnus eine Missionszelle; Residenz der Augsburger Fürstbischöfe; berühmt war vom 15.–19. Jh. der Lauten- und Geigenbau; sehenswert: Schloß (um 1500, umgebaut 1830), heute Konzertsaal und Galerie, sowie Klosterkirche St. Mang mit frühromanischer Krypta (9. Jh.) und Freskenfragmenten (10. Jh.).
Grönenbach: wurde um 500 n. Chr. gegründet, später gehörte das Schloß den Welfen, dann den Fuggern und zeitweise den Kemptener Fürstbischöfen; sehenswert: ursprünglich dreischiffige romanische Basilika St. Philipp und Jakob, zur gotischen Hallenkirche umgebaut, später barockisiert und wieder neogotisiert.
Hindelang: durch Erzbergbau im Hintersteiner Tal und den Salzhandel über den Jochpaß reich geworden; sehenswert: Kirche im Ortsteil Bad Oberdorf mit Schnitzaltar von Jörg Lederer und Marientafel von Hans Holbein d. Ä. (1493) sowie historische Hammerschmiede, die noch arbeitet.
Immenstadt: liegt am größten Natursee des Allgäus, dem Alpsee, besitzt eine jodhaltige Thermalquelle und die größte Strumpffabrik Europas; sehenswert: ehemaliges gräfliches Stadtschloß (1550–1620), Mariensäule vor dem Rathaus, Wallfahrtskirchen St. Loretto und St. Stephan (13. Jh.) im Stadtteil Bühl.
Irsee: 1182 aus einer Einsiedelei hervorgegangenes Benediktinerkloster, das heute Bildungsstätte ist; sehenswert: Ausstattungsstücke der Urkirche, einer Basilika (13. Jh.) sowie Gemälde und Skulpturen der barocken Kirche, etwa die Kanzel in Form eines Schiffsvorderteils.
Isny: gilt als besonders schöne Allgäu-Stadt, die auf römische Vorgänger verweisen kann; die 1042 geweihte Kirche wurde zur Keimzelle des Klosters (1096 gegründet); sehenswert: Marktplatz mit Rathaus (15. und 17. Jh.), Bläserturm und Stadtmauerreste, Kirchen St. Georg und Jakob mit Rokokoausstattung, spätromanische Nikolauskirche, eine Pfeilerbasilika mit flacher Kassettendecke und wertvoller Bibliothek.
Kaufbeuren: entwickelte sich aus einem karolingischen Königshof und ist 1240 in der ersten deutschsprachigen Urkunde des Mittelalters erwähnt; nach 1945 gründeten Vertriebene den Stadtteil Neugablonz, in dem die Sudetendeutschen das Schmuckhandwerk erhalten; sehenswert: besonders gut erhaltene Altstadt mit Stadtwehr und Fünfknopfturm, gotische St. Blasiuskapelle mit Flügelaltar Jörg Lederers (1518) und rundem Turm, Taufstein der Stadtkirche St. Martin, der noch aus der romanischen Vorgängerkirche stammt, Kruzifix-Sammlung im Heimatmuseum, Ausstellung Neugablonzer Schmuckstücke.
Kempten: die „Hauptstadt des Allgäus" war bis 1811 zweigeteilt: Um das von der zweiten Frau Karls des Großen stark geförderte Kloster entstand die Stiftstadt (katholisch), parallel dazu die Bürgerstadt (seit 1361 reichsunmittelbar und später reformiert); sehenswert: St. Lorenz und Residenz, die ältesten größeren Barockbauten Süddeutschlands mit Arbeiten von Georg Übelher und Johann Schütz, Pfarrkirchen St. Mang und St. Anton, Rathaus, Zunft- und Patrizierhäuser.
Kißlegg: entstand als Mönchsiedlung und wechselte mehrmals die Besitzer; sehenswert: Altes Schloß, Neues Schloß (1721–1727) mit Instrumenten und Gemäldesammlung sowie Park.
Leutkirch: wurde schon um 825 erwähnt; die Stadt wurde durch den Leinwandhandel reich, was die gut erhaltene Altstadt (vor allem die Marktstraße) mit Pulver- und Bockturm, Rathaus und Zunfthaus dokumentiert; sehenswert: evangelische Dreifaltigkeitskirche (1615; erste Predigtsaalkirche Oberschwabens), Barockschloß der Truchsesse Waldburg-Zeil.
Lindau: ist der jährliche Tagungsort der Nobelpreisträger; um 810 als Benediktinerinnenkloster gegründet, durch Handel (mit eigener Flotte über den Bodensee) reich geworden; sehenswert: gesamte unter Denkmalschutz stehende Altstadt auf der Bodenseeinsel, Rathaus, St. Peter-Kirche (älteste Kirche Lindaus) mit Fresken u. a. von Hans Holbein d. Ä., St. Stephan, St. Maria, Hafenanlage mit bayerischem Marmorlöwen.
Lindenberg: ist seit dem 18. Jh. als Zentrum der Hut-Herstellung bekannt; sehenswert: Pfarrkirche, größtes Käsewerk Deutschlands.
Marktoberdorf: besitzt in der besonders schönen Allgäuer Barockkirche St. Martin einen großartigen Hochaltar von Leonhard Fischer (1747); außerdem sehenswert: Rathaus, Grabkapelle des Georg Wenzeslaus von Sachsen.
Memmingen: wurde von Welf VI., einem Onkel Kaiser Barbarossas und Heinrichs des Löwen, gegründet, der hier auch eine Burg baute (um 1158); wohlhabend wurde die Stadt durch Barchentweberei; schon 1522 schloß Memmingen sich der Reformation an; sehenswert: spätgotische Basilika St. Martin mit geschnitztem Chorgestühl, Frauenkirche mit sehr gut erhaltenen spätgotischen Wandmalereien, die zu den besten in Süddeutschland zählen, Renaissance-Rathaus mit Rokokoausstattung, zahlreiche Patrizierhäuser.
Mindelheim: hat ein sehr gut erhaltenes mittelalterliches Stadtbild, inklusive Wehranlagen, Toren und – über der Stadt thronend – Burg (erbaut um 1370); sehenswert: Mindelburg, Stadtkirche St. Stephan mit gotischem Doppelgrab von Ulrich und Ursula von Teck (um 1430), deren Dynastie die Verwandtschaft der württembergischen Herzöge mit dem englischen Königshaus begründete, Liebfrauenkapelle mit Holzrelief der „Mindelheimer Sippe" (1510–1520).
Nesselwang: hat in seiner Umgebung zwei sehenswerte Wallfahrtskirchlein – Maria Rain mit einem schönen Rokokoaltar und Maria Trost (17. Jh.).
Nonnenhorn: ist eine bekannte Weinbau-Gemeinde am Bodensee-Ufer; Wahrzeichen ist die denkmalgeschützte, 400 Zentner schwere Presse (Torkel genannt) von 1591, die mitten im Dorf steht.
Oberstaufen: wurde 1804 von den Grafen von Königsegg an den österreichischen Kaiser Franz II. verkauft, kam aber 1806 zurück an Bayern; sehenswert: Pfarrkirche mit Frührenaissance-Kreuzigungsgruppe am Hochaltar, St. Bartholomäus im Ortsteil Zell mit wertvollen spätgotischen Fresken.
Oberstdorf: ist vermutlich schon in der Karolingerzeit gegründet worden und heute ein Touristenzentrum mit sieben zum Großteil verkehrsfreien Tälern; sehenswert: nach einem Brand 1866/67 wiederaufgebaute Kirche St. Johannes Baptist mit Muttergottes (um 1430), Strahlenkranz-Madonna (um 1490) und barocken Passionsbildern.
Ottobeuren: erlangte Weltruhm mit seiner barocken Klosteranlage und den dort veranstalteten (Orgel-) Konzerten; das Kloster entstand nach einer Stiftung Karls des Großen ab 764, wurde zwischen 1711 und

1766 jedoch völlig neu überplant und gebaut, wobei die berühmtesten Künstler und Handwerker der Zeit beteiligt waren; sehenswert: die gesamte Architektur sowie die Ausstattung.
Oy-Mittelberg: lag an der wichtigsten Salzstraße nach Tirol; sehenswert: ursprünglich gotische Pfarrkirche St. Michael mit Barockfresken und Hochaltar, Wallfahrtskirche Unserer Lieben Frau (1496, im 17. Jh. verändert) in Maria Rain, deren Hochaltar verschiedene Stilepochen vereint.
Pfronten: besteht aus 13 Teilorten; die Ruine Falkenstein ist die höchstgelegene in Deutschland; sie sollte nach Plänen des bayerischen Königs Ludwig II. umgebaut werden, sein Tod verhinderte das Vorhaben; sehenswert: St. Nikolaus im Ortsteil Berg mit imposantem Turm (1749) und Fresken im Chor (Abendmahl), im Langhaus (Glorie des hl. Nikolaus) sowie Westempore (König David), gotische St. Martinkirche im Ortsteil Kappel (15. Jh.).
Roßhaupten: liegt am 16 Quadratkilometer großen Forggensee; hier soll nach der Legende St. Magnus einen pferdefressenden Lindwurm vernichtet haben (daher der Ortsname); sehenswert: barocke Pfarrkirche St. Andreas (17. und 18. Jh.).
Scheidegg: liegt zwischen Bodensee und Gebirge und gehörte abwechselnd dem Kloster St. Gallen, den Habsburgern, zum Vorarlberg und zu Bayern; sehenswert: St. Gallus, ein frühklassizistischer Bau.
Schwangau: ist in aller Welt bekannt durch seine Königsschlösser Neuschwanstein und Hohenschwangau; daneben aber ebenso lohnend: Wallfahrtskirche St. Coloman (1673–78) mit Stuckmarmoraltären.
Seeg: liegt im Seengebiet des Ostallgäus und besitzt die stärkste Jodquelle Deutschlands; sehenswert: barocke Pfarrkirche St. Ulrich, erbaut nach Plänen von Johann Jakob Herkomer, dem Lehrmeister des Dominikus Zimmermann.
Sonthofen: ist die südlichste Stadt in Deutschland; sehenswert: Pfarrkirche St. Michael (15. Jh.) mit schönen Schnitzarbeiten, Burgruine Fluhenstein.
Wangen i. Allg.: besitzt eines der schönsten Stadtbilder Süddeutschlands; die Innenstadt steht komplett unter Denkmalschutz; sehenswert: Herrenstraße mit Liebfrauentor (14. und 17. Jh.), Paradiesstraße mit Martinstor (14. und 16. Jh.), Gottesackerkirche St. Rochus mit „Bilderbibel" an der Holzdecke, die das Leben Jesu in 66 Bildern vorstellt (1593).
Wertach: liegt am gleichnamigen Fluß; sehenswert: Tabernakel (1770), der beim Brand der Pfarrkirche (1893) gerettet wurde, Rokokokapelle St. Sebastian, die an die Pest erinnert.

Die Landkreise des Allgäus
Das *Ostallgäu* enstand 1972 aus den Kreisen Füssen, Kaufbeuren und Marktoberdorf. Auf knapp 1400 Quadratkilometern leben in 44 Gemeinden rund 120 000 Menschen. Neben seinen landschaftlichen Reizen der Hügel und Seen haben ihn vor allem die Königsschlösser Hohenschwangau und Neuschwanstein zum Touristenzentrum gemacht.
Das *Unterallgäu* gilt als Bindeglied zwischen der Allgäu-Region und „Bayerisch-Schwaben". Auf 1230 Quadratkilometern leben in 52 Kommunen etwa 120 000 Menschen. Touristische Bedeutung hat das Unterallgäu vor allem als „Kneippland" erlangt.
Im *Oberallgäu* entstand 1972 durch die Zusammenlegung der Kreise Sonthofen und Kempten der südlichste Landkreis in Deutschland. Auf über 1500 Quadratkilometern leben in 28 Gemeinden rund 130 000 Menschen. Etwa 40 Prozent der Fläche sind Natur- (9) und Landschaftsschutzgebiete (25).
Der Landkreis *Lindau,* wo auf rund 320 Quadratkilometern etwa 70 000 Menschen in 23 Gemeinden leben, grenzt jenseits des Bodensees an die Schweiz und Österreich.
Teile des baden-württembergischen Landkreises *Ravensburg* schlagen die Brücke vom Allgäuer Voralpenland nach Oberschwaben.

Feste und Bräuche (Auswahl)
Auerberg: Der Georgi-Ritt ist stets am Sonntag nach dem 23. April, Beginn ca. 10 Uhr.
Isny: Das Bogenspringen ist eine Kinderfest-Tradition seit dem 17. Jahrhundert, stets am zweiten Juli-Wochenende.
Kaufbeuren: Das Tänzelfest gilt als das älteste Kinderfest in Bayern, gefeiert wird der Einzug Kaiser Maximilians in der Stadt 1479; stets in der Woche vor den Sommerferien.
Memmingen: Die jährliche Reinigung des Stadtbachs wird seit dem 16. Jahrhundert als Fischertag gefeiert, meist Mitte Juli.
Mindelheim: Das Frundsbergfest ist eines der größten historischen Feste in Bayern, alle drei Jahre.
Nonnenhorn: Alle sieben Jahre wird der Schäfflertanz gefeiert.
Oberstaufen: Der Tanz am „Fastnaziestag" geht auf eine Stiftung während des Pestjahres 1635 zurück.
Oberstdorf: Früher tanzten die 13 Wilden Männle durch die Straßen, heute auf der Bühne; die in Stroh und Tannenzweige gehüllten Männle kommen alle fünf Jahre wieder.
Sonthofen: Das Eggaspiel ist ein altes Allgäuer Fastnachtsspiel, bei dem am Ende die Hexe verbrannt wird; alle drei Jahre.
Waal: Der Ort im Unterallgäu erfüllt alle sieben bis acht Jahre ein Gelübde aus der Pestzeit und zeigt ein Passionsspiel.
Funkenfeuer gibt es jeweils am Sonntag Invocavit (1. Fastensonntag) in Buchenberg, Burgberg, Dietmannsried, Fischen, Grönenbach, Kempten, Markt Rettenbach, Mittelberg, Schwangau und Weiler.
Viehscheide gibt es Anfang September in Buching, Burgberg, Hindelang, Immenstadt, Nesselwang, Obermaiselstein, Oberstaufen, Oberstdorf, Pfronten, Wengen und Wertach.

Käse
Der Käse gehört zum Markenzeichen des Milchlands Allgäu. Hier werden fast 40 Prozent der westdeutschen Erzeugung produziert. Nach offizieller Lesart wurde die Kunst, Emmentaler Käse herzustellen, 1827 vom Schweizer Johann Althaus importiert. Tatsächlich jedoch soll schon 1810 Franz Schelbert aus dem Schweizer Muotatal bei Schwyz auf dem Klostergut Wagegg bei Kempten einen „Schweizer Rundkäse" hergestellt haben. 1874 hat der Wertacher Milchhändler Josef Kramer den „Weißlacker" erfunden, eine der würzigsten Milchspezialitäten. 1921 eröffnete in Kempten die „Allgäuer Butter- und Käsebörse", seit 1950 gibt es die „Süddeutsche Käsebörse", auf der einmal pro Woche die Milchprodukte gehandelt werden.
Wer einem Senner über die Schulter schauen will, kann dies in einigen Schaukäsereien tun:
Altusried: Käsereimuseum im Haus des Gastes, Tel. 08373/7021
Balderschwang: mehrere Alpen, Tel. 08328/1056
Blaichach: Sennerei Gunzesried, Tel. 08321/3911
Fischen: mehrere Sennereien, Tel. 08321/1815
Füssen: mehrere Genossenschaften, Tel. 08362/7077
Immenstadt: Käserei Baldauf, Tel. 08323/80463
Oberstaufen: Waltnersalpe, Tel. 08386/2024
Oberstdorf: mehrere Alpen, Tel. 08322/7000
Weiler: Käsereigenossenschaft Bremenried, Tel. 08387/651
Wertach: Sennerei Wertach, Tel. 08365/266

Kuren (Auswahl)
Auskunft über Heilanzeigen, Kurmittel und Anwendungen geben die Kurverwaltungen in
Bad Wörishofen: Postfach 1443, 8939 Bad Wörishofen, Tel. 08247/350255
Bad Wurzach: Mühltorstraße 1, 7954 Bad Wurzach, Tel. 07564/302150
Fischen i. Allgäu: 8975 Fischen i. A., Tel. 08326/1815
Füssen: Postfach 1165, 8958 Füssen, Tel. 08362/7077
Grönenbach: 8944 Grönenbach, Tel. 08334/7711
Hindelang: Postfach 1152, 8973 Hindelang, Tel. 08324/8920
Isny: 7972 Isny, Tel. 07562/70110
Kißlegg: Im Neuen Schloß, 7964 Kißlegg, Tel. 07563/18131
Oberstaufen: Postfach 80, 8974 Oberstaufen, Tel. 08386/2024
Oberstdorf: Postfach 1320, 8980 Oberstdorf, Tel. 08322/7000
Ottobeuren: Marktplatz 14, 8942 Ottobeuren, Tel. 08332/6817
Oy: 8967 Oy-Mittelberg, Tel. 08266/207
Scheidegg: Rathausplatz 4, 8999 Scheidegg, Tel. 08381/1451
Schwangau: Münchner Straße 2, 8959 Schwangau, Tel. 08362/81051
Weiler-Simmerberg: Postfach 110, 8999 Weiler-Simmerberg, Tel. 08387/651

Museen und Sammlungen (Auswahl)
Rund 60 Museen gibt es im Allgäu. Neben zahllosen Heimatmuseen gibt es im Allgäu auch eine Anzahl einzigartiger Sammlungen.
Alpinmuseum in Kempten: Es dokumentiert die Entwicklung des Bergsteigens und zeigt die Faszination und die Gefahren. Information: Tel. 0831/25250.
Bauernhofmuseum in Illerbeuren: Das erste Freilichtmuseum Bayerns entstand 1954.
Information: Tel. 08394/282.
Besenmuseum in Kißlegg.
Information: Tel. 07563/1810.
Hutmuseum in Lindenberg: Es erinnert an die große Zeit der Strohhutproduktion im Allgäuort. Hirschstraße 6, Information: Tel. 08381/80324.
Kieselstein-Galerie in Lindau: Die Rheinkiesel, deren Quarzzeichnungen skurrile Bilder formen, werden als teure Kunstobjekte gehandelt.
Information: Tel. 08382/26000.
Kneipp-Museum in Bad Wörishofen: Es präsentiert Leben und Werk des Paters Sebastian Kneipp.
Information: Tel. 08247/350239 oder 3040.
Miniland in Wengen: Auf 750 Quadratmetern ist ganz Deutschland en miniature nachgebaut. Information: Verkehrsamt Weitnau, Tel. 08375/8067.
Schwäbisches Bauernhofmuseum in Illerbeuren.
Information: Tel. 08394/1455.
Sieben-Schwaben-Museum in Türkheim: Alles rund um die berühmten Kämpen, die „den Allgäuer" stets voranschickten. Information: Tel. 08245/1001.

Naturschönheiten (Auswahl)
Bäche und Flüsse haben sich an vielen Stellen tief in den Fels gegraben: die Starzlachklamm bei Burgberg, die Argentobel-Wasserfälle (Eistobel) bei Grünenbach, die Lechklamm bei Füssen, die Breitachklamm bei Oberstdorf, die Pöllatschlucht bei Schwangau.
Aufgrund der geologischen Vielfalt bietet das Allgäu herrliche Blumenparadiese: im Gunzesrieder Tal, auf dem Jochpaß bei Hindelang, auf dem Gottesackerplateau bei Riezlern.
Die Eiszeit hat dem Allgäu neben moränigen Hügeln auch zahlreiche Hochmoore mit zum Teil noch einzigartiger Pflanzenwelt hinterlassen: das Agathazeller Moos bei Burgberg, das Arrisrieder Moos bei Kißlegg, das Wurzacher Ried.
Einzigartige Überreste der Eiszeit sind: der Erratische Block bei Weiler im Allgäu, die Sturmannshöhle bei Obermaiselstein.

Schlösser und Burgen
Die einstmals reich gegliederte politische Landkarte des Allgäus spiegelt sich in der Vielzahl der Burgruinen und Schlösser wider.
Burgen und Ruinen stehen in (Auswahl):
Eisenberg, Immenstadt (gleich fünf!), Nesselwang, Pfronten; fast schon ein Schloß ist die Mindelburg über Mindelheim.
Schlösser und Residenzen stehen in (Auswahl):
Füssen, Grönenbach, Kempten, Kißlegg, Leutkirch-Zeil und Wolfegg.
Und die beiden Königsschlösser:
Hohenschwangau, erbaut 1833–1837 von Maximilian II. auf der Ruine aus dem 12. Jahrhundert. Die Vorgängerburg war Zentrum des deutschen Minnesanges, hier wohnte Konradin, der letzte Staufer. Ludwig II. empfing hier Richard Wagner.
Neuschwanstein, erbaut 1869–1886 von Ludwig II. ebenfalls auf einer alten Ruine „im echten Stil der alten deutschen Ritterburgen", wie Ludwig schrieb.

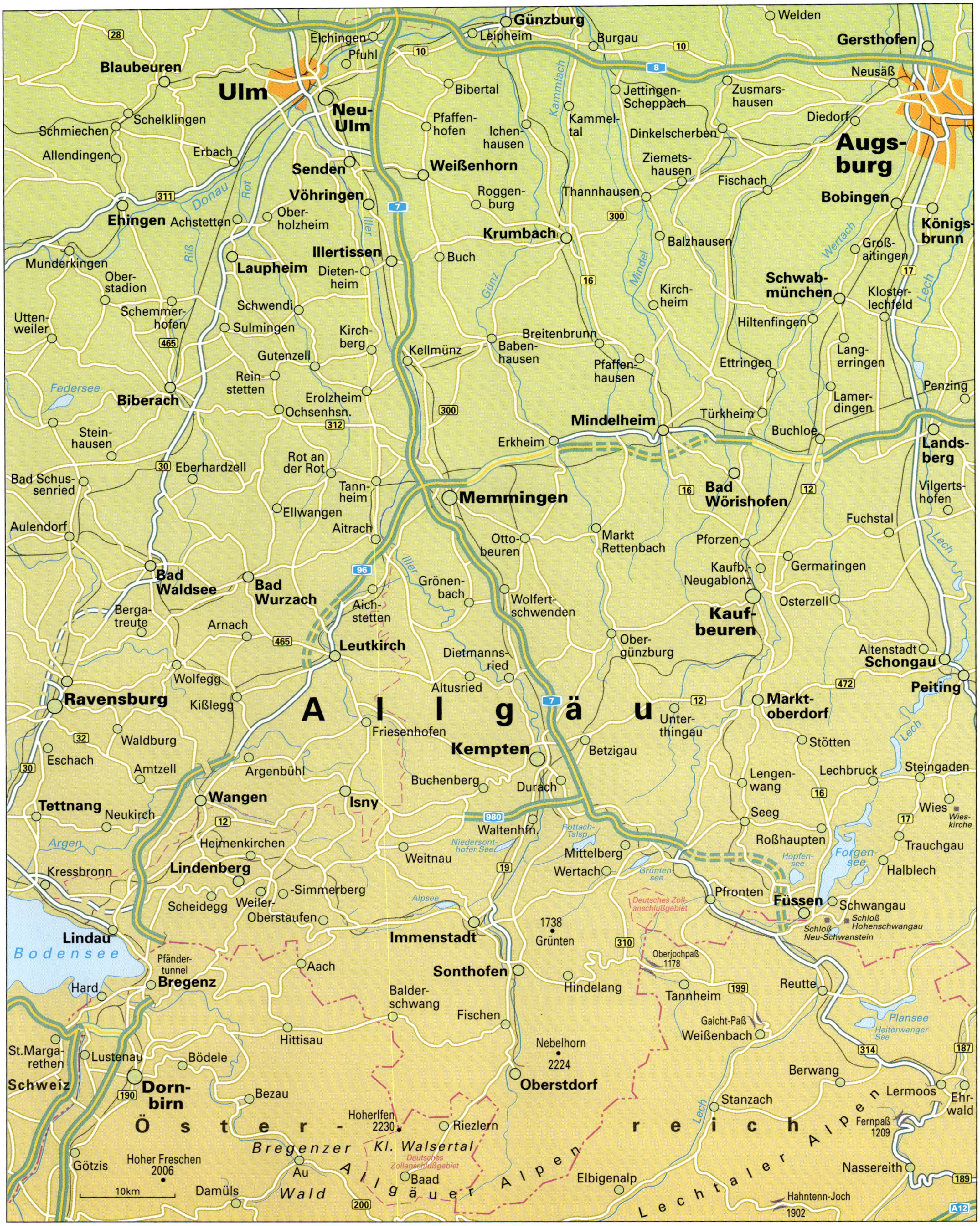
Welden
Günzburg
Elchingen
Pfuhl
Leipheim
Burgau
Gersthofen
Blaubeuren
Ulm
Neu-Ulm
Bibertal
Jettingen-Scheppach
Zusmarshausen
Neusäß
Schelklingen
Schmiechen
Pfaffenhofen
Ichenhausen
Kammeltal
Kammlach
Dinkelscherben
Diedorf
Augsburg
Allendingen
Erbach
Senden
Weißenhorn
Ziemetshausen
Fischach
Donau
Rot
Vöhringen
Roggenburg
Thannhausen
Bobingen
Königsbrunn
Ehingen
Achstetten
Oberholzheim
Iller
Krumbach
Balzhausen
Wertach
Großaitingen
Munderkingen
Riß
Laupheim
Illertissen
Dietenheim
Buch
Mindel
Schwabmünchen
Klosterlechfeld
Oberstadion
Schwendi
Günz
Kirchheim
Lech
Utten-weiler
Schemmerhofen
Sulmingen
Kirchberg
Breitenbrunn
Hiltenfingen
Gutenzell
Kellmünz
Babenhausen
Pfaffenhausen
Langerringen
Ettringen
Federsee
Reinstetten
Erolzheim
Lamerdingen
Penzing
Biberach
Ochsenhsn.
Türkheim
Mindelheim
Steinhausen
Buchloe
Landsberg
Rot an der Rot
Erkheim
Bad Schussenried
Eberhardzell
Tannheim
Memmingen
Bad Wörishofen
Vilgertshofen
Ellwangen
Aulendorf
Aitrach
Ottobeuren
Markt Rettenbach
Pforzen
Fuchstal
Bad Waldsee
Bad Wurzach
Grönenbach
Kaufb.-Neugablonz
Germaringen
Bergatreute
Aichstetten
Wolfertschwenden
Osterzell
Kaufbeuren
Arnach
Leutkirch
Obergünzburg
Dietmannsried
Altenstadt
Schongau
Wolfegg
Altusried
Peiting
Ravensburg
Kißlegg
Allgäu
Kempten
Unterthingau
Marktoberdorf
Friesenhofen
Betzigau
Stötten
Waldburg
Eschach
Argenbühl
Amtzell
Buchenberg
Durach
Lengenwang
Lechbruck
Steingaden
Tettnang
Wangen
Isny
Seeg
Wies
Wieskirche
Neukirch
Waltenhfn.
Roßhaupten
Trauchgau
Argen
Heimenkirchen
Weitnau
Niedersonthofer See
Rottachtalsp.
Mittelberg
Hopfensee
Forggensee
Halblech
Kressbronn
Lindenberg
Wertach
Grüntensee
Pfronten
Füssen
Schwangau
Simmerberg
Scheidegg
Weiler
Oberstaufen
Alpsee
Deutsches Zollanschlußgebiet
Schloß Hohenschwangau
Schloß Neu-Schwanstein
Lindau
Immenstadt
1738 Grünten
Bodensee
Pfändertunnel
Oberjochpaß 1178
Bregenz
Aach
Sonthofen
Hindelang
Tannheim
Reutte
Hard
Balderschwang
Fischen
Gaicht-Paß
Weißenbach
Plansee
Heiterwanger See
St.Margarethen
Hittisau
Nebelhorn 2224
Lustenau
Bödele
Berwang
Schweiz
Dornbirn
Oberstdorf
Bezau
Stanzach
Lermoos
Ehrwald
Österreich
Hoherlfen 2230
Riezlern
Fernpaß 1209
Bregenzer Wald
Kl. Walsertal
Deutsches Zollanschlußgebiet
Götzis
Hoher Freschen 2006
Au
Baad
Allgäuer Alpen
Elbigenalp
Lechtaler Alpen
Nassereith
10km
Damüls
Hahntenn-Joch 1902
28
10
8
311
7
300
17
16
465
312
30
96
465
472
12
32
980
19
310
199
314
187
190
200
189
A12